blv sportpraxis

201 richtig fußballspielen
202 richtig segeln
203 richtig segelsurfen
204 richtig tennisspielen
205 richtig skifahren 1
206 richtig skilanglaufen 1
207 richtig radfahren
208 richtig rock'n roll tanzen
209 richtig selbstverteidigen
210 richtig jogging · dauerlaufen
211 richtig tischtennisspielen
212 richtig reiten
213 richtig eislaufen
214 richtig leichtathletik
215 richtig volleyballspielen
216 richtig handballspielen
217 richtig fitnesstraining
218 richtig ski-konditionsgymnastik
219 richtig autofahren · rallyefahren
220 jugend-reiterabzeichen
221 richtig angeln
222 richtig bergsteigen
223 richtig schwimmen
224 richtig skifahren 2
225 richtig tauchen
226 richtig badmintonspielen
227 richtig basketballspielen
228 richtig konditionsgymnastik
229 sportliche freizeitspiele
230 richtig skilanglaufen 2
231 teleski

blv sportwissen

401 konditionstraining
402 konditionstests
403 sportmechanik
404 tennis-fitness
405 kindertraining
406 techniktraining

12

blv sportpraxis

richtig fußballspielen

Gerhard Bauer

Dritte, durchgesehene Auflage

BLV Verlagsgesellschaft
München Wien Zürich

CIP-Kurztitelaufnahme der Deutschen Bibliothek

Bauer, Gerhard:
[Richtig Fußballspielen]
Richtig fußballspielen / Gerhard Bauer. – 3., durchges. Aufl. – München; Wien; Zürich: BLV Verlagsgesellschaft, 1983.
(blv sportpraxis; 201)
ISBN 3-405-12442-5

NE: GT

Bildnachweis
Adidas Fotoarchiv S. 11, 110
G. Bauer S. 66, 69, 97
M. Mühlberger S. 2, 6, 13, 21, 27, 46, 53, 90, 100, 116
P. Stückl S. 14, 15, 67
Werek S. 35
Alle anderen Fotos und Bildserien BLV Archiv Sport, Foto J. Kemmler
Titelfoto: Maria Mühlberger
Grafiken: Anina Westfalen S. 107
Alle übrigen Hellmut Hoffmann, davon die Grafiken S. 60 nach »Fit, elastisch und gesund«, Verlag Hofmann und Campe und »Sport und Touristik in der Familie«, Sportverlag Berlin

blv sportpraxis 201

Layout: Anton Walter

Satz und Druck: Georg Appl, Wemding
Bindung: Großbuchbinderei Monheim

Printed in Germany · ISBN 3-405-12442-5

Vorwort

Fußball ist Deutschlands Freizeitsport Nr. 1. Der kleine Steppke, der Opa mit dem Hörapparat, Teenager beiderlei Geschlechts, Mütter von hoffnungsvollen Nachwuchskickern und Erwachsene aller Alters- und Berufsgruppen lassen sich jedes Wochenende aufs neue vom runden Leder und dem Fußballsport begeistern. Fußball wird an den Wochenenden zum »Trimm-Dich« für Millionen aktiver Spieler, Fußball lockt Woche um Woche allein in Deutschland eine Million Zuschauer in die Stadien und Fußballarenen der Amateur- und Profikicker, Fußball wird am Abend zum Fernsehkrimi in live und erhitzt dabei Schüler, Arbeitskollegen – ja nach authentischen Aussagen sogar Klosterschwestern bei Diskussionen über erzielte und nicht erzielte Tore. Fußball kann Familien zusammenführen oder auch entzweien – letzteres, wenn die Meinungen aufeinanderprallen oder wenn ein Mitglied der Familie nichts von diesem Sport versteht oder wenn es ganz einfach nichts davon wissen will.

Die Begeisterung für das Fußballspiel kann zu einem vielseitigen Hobby für die ganze Familie werden. Einem Hobby, das die Freizeit seiner Anhänger voll ausfüllen kann.

Mit diesem Buch wende ich mich an alle, die den Fußballsport – sei es als aktiver Spieler oder als Zuschauer – zu ihren Hobbys zählen und mehr von diesem Sport wissen möchten. Denn ein Hobby macht nur dann so richtig Spaß, wenn man es in Theorie und Praxis beherrscht.

Den aktiven Spielern zeigt das Buch in Wort und Bild, was ein Spieler beherrschen muß, wenn er Erfolg haben möchte und wie die technischen und taktischen Elemente des Spiels durch Üben und Trainieren verbessert werden können.

Dem Fußballfreund beschreibt das Buch, wie sich dieser Kampfsport aus fußballähnlichen Spielen in der frühgeschichtlichen Zeit entwickelt hat und wie er heute organisiert ist. Es zeigt, daß die Fußballtaktik so geheimnisvoll nicht ist, wie sie häufig dargestellt wird und erläutert die Fußballregeln in Wort und Bild.

Ein eigenes Kapitel schildert den Fußball als »Trimm-Dich-Gerät« für die ganze Familie. Einige Seiten sind den bekanntesten Trainern und Spielern der Welt gewidmet. Die wichtigsten Schlagwörter sind am Ende des Buches noch einmal stichwortartig zusammengefaßt.

Gerhard Bauer

AFRI-COLA
ELTRON

Fußballgeschichte

Vom Beginn bis zum 19. Jahrhundert

Das moderne Fußballspiel ist noch nicht ganz 120 Jahre alt. Dennoch beherrschen die Menschen schon seit einigen tausend Jahren die Kunst, den Ball mit dem Fuße zu spielen. Von einer Reihe von Völkern und Kulturen, zum Teil sogar aus der Zeit vor Christus, sind schriftliche Zeugnisse wahrer Ballspielleidenschaft überliefert. Aus alten Grabzeichnungen kann man ersehen, daß in Ägypten bereits 2000 Jahre v. Chr. der Ball mit dem Fuß gestoßen wurde.
Ganz exakt überliefert ist das Regelwerk des Ts'uh Küh. Es wurde etwa im 3. Jahrhundert vor unserer Zeitrechnung von den Soldaten des chinesischen Kaisers gespielt. Als Ball wurde eine mit Federn und Haaren gefüllte Lederkugel benutzt. Sie mußte auf Körbe, ähnlich unseren heutigen Basketballkörben, mit dem Fuß gespielt werden.
In Japan wird 500 bis 600 Jahre nach Christus erstmals das »Kemari« beschrieben. Es wird noch heute bei kultischen Anlässen in Japan gespielt. Der Ball wird als Symbol für die Sonne in spielerischer Form verehrt. Die Spieler stehen dabei im Kreis und versuchen, den Ball mit dem Fuß kunstvoll in der Luft zu halten.
Natürlich gab es auch im alten Griechenland und im römischen Weltreich fußballähnliche Spiele. Von den Griechen ist das »Episkyros«, von den Römern das »Harpastum« und das »Calcio« überliefert. Im Rahmen ihrer Feldzüge brachten die Römer diese Spiele sicher auch nach Britannien mit.
Im heutigen England und Schottland entwickelte sich zwischen dem 8. und 19. Jahrhundert eine ungeheuere Spielleidenschaft. Dort wurden rauhe, zum Teil ungeregelte Spiele zwischen ganzen Dörfern und kleinen Städten gespielt. Der Ball wurde dabei über Straßen und Plätze, querfeldein geworfen und mit dem Fuß geschlagen. Die Spielleidenschaft war so groß, daß die Jugend Arbeit und Lernen vernachlässigte, so daß im 14. und 15. Jahrhundert mehrmals durch den Bürgermeister von London und durch englische und schottische Könige Verbote gegen den »nutzlosen« Fußballsport ausgesprochen wurden. Die Entwicklung des Fußballsportes in England und Schottland konnte dadurch, wie das nachfolgende Kapitel zeigt, allerdings keineswegs gestoppt werden.

Entwicklung im 19. Jahrhundert

Während die frühgeschichtlichen Vorstufen und Entwicklungsphasen des modernen Fußballspiels zum größten Teil nur ungenau überliefert sind, kann die »Neuzeit des Spiels« geradezu minutiös beschrieben werden.
Die Wiege des heutigen Fußballsports steht in England. An den bekannten englischen »Public Schools« wurden eine Vielzahl fußballähnlicher Spiele entwickelt und in den Dienst der Erziehung gestellt. Bekannt waren die Schulen in Eton, Harrow, Winchester und vor allem in Rugby, wo Dr. Thomas Arnold 1846 erste verbindliche Regeln schuf. In Rugby durfte der Gegner in rauher Weise attakkiert und der Ball mit der Hand getragen werden. In anderen Schulen dagegen war nur das Stoppen mit der Hand erlaubt. Die noch mäßig entwickelten technischen Fertigkeiten machten dies nötig. Nach langen Diskussionen und hitzigen Auseinandersetzungen gründeten am 26. Oktober 1863 elf Londoner Clubs und Schulen in der »Free Mason's Tovern« die Football Association, den ersten Fußballverband der Welt. Am 8. Dezember 1863 schließlich kam es zum endgültigen Bruch mit den Rugby-Vertretern, die einen eigenen Verband gründeten. Von diesem Zeitpunkt an entwickelte sich das Spiel

geradezu stürmisch weiter: 1871 wetteiferten bereits 50 Clubs in England um die Pokalmeisterschaft.
1872 traten England und Schottland im ersten Fußball-Länderkampf gegeneinander an. 1882 wurde die »International Board« gegründet, die auch heute noch als oberste Regelbehörde alle strittigen Regelfragen entscheidet. 1885 bereits wurde in England der Profifußball legalisiert. 1889 wurden in Holland und in Dänemark die ersten außerbritischen Landesverbände gegründet, nachdem 1873 bereits der Schottische Verband, 1875 der Verband von Wales und 1880 der Irische Verband entstanden waren. Am 28. Januar 1900 wurde der Deutsche Fußball-Bund (DFB) in Leipzig als Dachverband für damals nur 86 Vereine gegründet. Inzwischen ist der DFB mit 18987 Vereinen und über 4,4 Mio. Mitgliedern einer der größten Sportverbände der Welt. 1904 schlossen sich in Paris 7 Länder zur »Fédération Internationale de Football Association« (FIFA) zusammen. Der DFB erklärte noch am gleichen Tage telegraphisch seinen Beitritt in die FIFA. 1930 fand in Uruguay die erste Fußball-Weltmeisterschaft statt.

Entwicklung des Fußballsports in Deutschland

Mit etwas Verzögerung kam das Fußballspiel auf das europäische Festland und damit auch nach Deutschland. Erst 1884, zu einer Zeit also, da in England bereits der Profifußball eingeführt wurde, entstand der erste deutsche Fußballclub, der BFC Frankfurt. Gründungsort war kurioserweise Berlin. Als Vorläufer des Deutschen Fußballbundes wurden im Jahre 1890 der »Bund Deutscher Fußballspieler« und 1 Jahr später der »Deutsche Fußball- und Cricket-Bund« gegründet. Der DFB selbst wurde am 28. Januar 1900 in Leipzig durch den Zusammenschluß von 86 deutschen Fußballclubs konstituiert. Obwohl schon vor 1900 nationale und internationale Städtevergleichsspiele stattfanden, wurde die erste Deutsche Fußballmeisterschaft vom DFB im Jahre 1903 durchgeführt. Sieger wurde damals der VFB Leipzig. Als 1904 der Welt-Fußballverband (FIFA) in Paris gegründet wurde, trat der DFB durch telegraphische Anmeldung diesem Dachverband noch am selben Tage bei. Im Jahre 1908 kam es zum ersten offiziellen Fußball-Länderspiel einer deutschen Nationalmannschaft. Sie verlor damals in Basel gegen die Schweiz mit 3 : 5. Der Schweizerische Fuß-

Mannschaft des Fußballweltmeisters 1974

ballverband war es dann auch, der nach dem von Deutschland verursachten und verlorenen Weltkrieg als erstes wieder gegen eine deutsche Fußballnationalmannschaft angetreten ist. Die größten sportlichen Erfolge des DFB sind der zweifache Gewinn der Fußball-Weltmeisterschaft. 1954 schlug Deutschland die hochfavorisierten Ungarn in der Schweiz mit 3 : 2. 1974 konnte die DFB-Vertretung die starken Holländer im Endspiel in München mit 2 : 1 bezwingen.

Es ist offensichtlich:
Von der Gründung bis zu diesen jüngsten Erfolgen entwickelte sich der Fußballsport in Deutschland stürmisch und erfolgreich.

Fußball heute

In der Bundesrepublik Deutschland sind über 6% der Bevölkerung, das sind mehr als 4,4 Mio. Deutsche, dem Deutschen Fußballbund beigetreten. Fußball ist in Deutschland – ja in der ganzen Welt – nicht nur ein sportliches, sondern auch ein gesellschaftliches Phänomen. Auf den Fußballplätzen in der Bundesrepublik allein werden jedes Wochenende rund 5 Mio. Mark an Eintrittsgeldern umgesetzt. Etwa eine Million Zuschauer wandern allwöchentlich in die Fußballstadien der Amateur- und Profivereine. Millionen weiterer Menschen warten am Samstag voller Spannung auf die Fußballberichte in Rundfunk, Fernsehen und Presse. An Fußballweltmeisterschaften und ähnlichen herausragenden Fußballveranstaltungen nehmen über 60% der deutschen Bevölkerung als Fernsehzuschauer teil. Für all diese Menschen ist der Fußballsport eine Art Schauspiel, das immer spannende, abwechslungsreiche, ja oft sogar sensationelle Erlebnisse bietet.
Besonders bedeutsam aber ist, daß in den vom DFB organisierten Rundenspielen zur Zeit 125046 gemeldete Mannschaften mitwirken. Das bedeutet, daß Woche für Woche über 1,5 Mio. Menschen aktiv Fußball spielen. Die Hälfte dieser Spieler ist über 18 Jahre alt. Viele Altherren-Mannschaften beweisen, daß Fußball fast ein Leben lang betrieben werden kann. Für viele mag es überraschend sein, daß es inzwischen auch bereits ca. 40000 weibliche aktive Spieler im Bereich des DFB gibt. Die große Zahl aktiver Spieler stellt – trotz der mit dem Sport verbundenen Verletzungsgefahr – einen bedeutenden Faktor in der Gesundheitspolitik Deutschlands dar.
Nach dem bisher Gesagten verwundert es nicht, wenn der Fußballsport nach statistischen Umfragen auch in der Beliebtheitsskala der Schüler aller Schulgattungen ganz vorne rangiert. Von einfachen Klassenspielen bis hinauf zum großen Turnier auf Bundesebene im Rahmen der Wettkämpfe »Jugend trainiert für Olympia« gibt es auch an den Schulen ein umfangreiches fußballsportliches Wettkampfprogramm. Nach einer Umfrage an saarländischen Schulen sprechen sich auch zunehmend mehr Mädchen (mehr als 80%) für die Einführung des Mädchenfußballs an den Schulen aus. Mit einem Wort: Fußball ist tatsächlich ein Spiel, das um die ganze Welt geht und das in Deutschland und in vielen anderen Ländern aller Kontinente zum Volkssport Nummer 1 geworden ist. Wenn auch so mancher es nicht hören mag: Es kann nicht geleugnet werden, daß dieser Sport die Freizeit vieler Menschen wesentlich bereichert.

Der Kampf um den Ball im Torraum. Eine typische Szene im modernen Fußball.

Ausrüstung

Wer Fußball als sportlichen Wettkampf betreiben möchte, der sollte einige Mindestforderungen an seine Ausrüstung stellen.
Die Grundausrüstung ist bereits für ca. 120 DM zu haben. Für eine komplette Ausrüstung mit Trainingsanzug und Sporttasche müssen ca. 250 bis 300 DM angelegt werden.

Fußballstiefel

Der Stiefel mit **Noppensohle** ist der Allroundstiefel für alle Gelegenheiten.

Beim Stiefel mit **Schraubstollen** können je nach Witterung und Bodenverhältnissen Stollen aus Gummi (Hartplatz), aus Leder (Schnee und Eis), aus Plastik oder Aluminium (Rasen) eingeschraubt werden.

Trikot und Hosen

Die Sportkleidung selbst sollte genügend Bewegungsfreiheit bieten und schweißsaugend sein. Bei nicht zu warmer Witterung werden Mischgewebetrikots mit langem Arm bevorzugt. Die Sporthosen sollen genügend weit geschnitten sein. Sie kann man heute mit einem sehr praktischen, angenähten Innenslip kaufen.

Schutzeinrichtungen

Fußball ist ein harter Kampfsport, bei dem kleinere Blessuren ohne Schutzbekleidung kaum zu vermeiden sind. Als unentbehrlich sind die **Schienbeinschoner** anzusehen, die in verschiedensten Formen auf dem Markt sind. Als zweckmäßig haben sich die besonders leichten Kunststoffschoner erwiesen. Eine Firma bietet neuerdings einen kombinierten Schienbein-Knöchelschoner mit hervorragendem Sitz an.

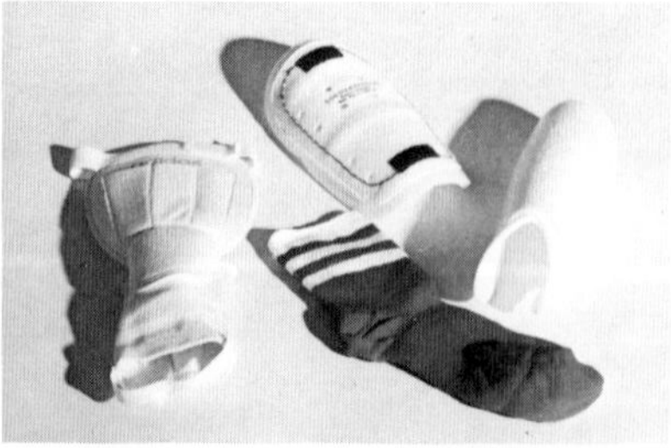

Verletzungsanfällige Spieler sollten ihre Knöchel und Kniegelenke vorbeugend durch **Bandagen** oder bandagenartige Gummistrümpfe schützen. Zunehmend setzt sich in den oberen Spielklassen auch das sog. **Suspensorium** zum Schutz des Unterleibes durch.

Die Sportausrüstung für

Feldspieler

Torhüter

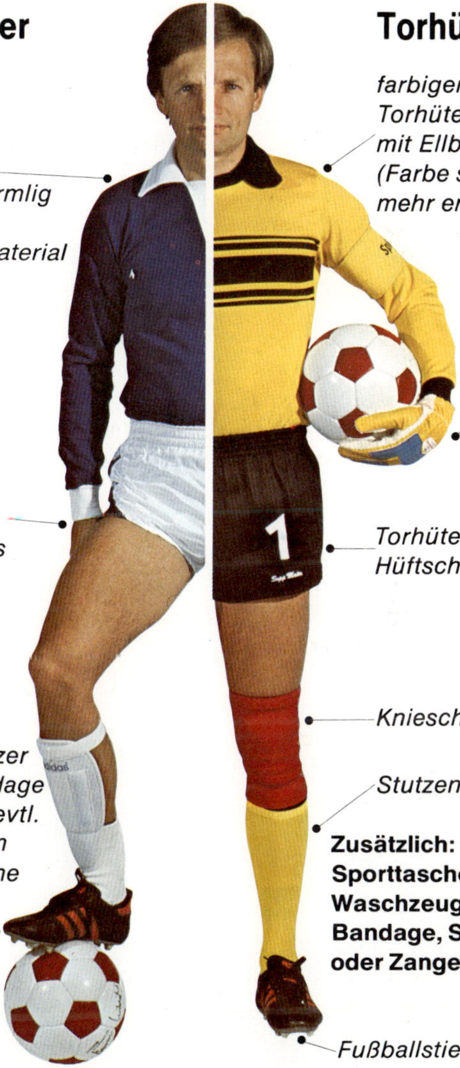

Trikot kurz- oder langärmlig aus schweiß- durchlässigem Material

Sporthose mit Innenhose darunter: evtl. Suspensorium als Unterleibsschutz

Schienbeinschützer und Knöchelbandage darüber Stutzen evtl. mit angestricktem Fußteil und Tasche für Schienbein- schützer

Fußballstiefel

farbiger Torhüterpullover mit Ellbogenschutz (Farbe schwarz nicht mehr erlaubt!)

Torhüter- handschuhe

Torhüterhose mit Hüftschutzpolster

Knieschützer

Stutzen

Zusätzlich: Trainingshose, Sporttasche, Handtuch, Waschzeug, Ersatzstollen, Bandage, Stollenschlüssel oder Zange

Fußballstiefel

Sportliche Leistung

Das Sportspiel Fußball kann völlig unbeschwert, ohne Leistungsehrgeiz gespielt werden, es kann aber auch so wie bei den Amateuren der oberen Klassen oder gar den Profis mit größtem Ehrgeiz als Leistungs- und Hochleistungssport betrieben werden. Zwischen diesen beiden Extremen gibt es zahlreiche Zwischenstufen mit unterschiedlichen Leistungsansprüchen.

Immer aber basiert die Leistung im Fußballsport auf drei Säulen:

- Technik
- Kondition
- Taktik

Spieler, die hohe Ansprüche an ihr Leistungsvermögen und an ihr Spiel stellen, müssen hart an sich arbeiten, um diese drei Faktoren ihrer sportlichen Leistungsfähigkeit zu verbessern. Zum Talent im herkömmlichen Sinne, d. h. im Sinne des begabten Technikers, muß eine sportbezogene Leistungsbereitschaft kommen. Neben Ballgefühl, Spielwitz und Spielübersicht zeichnen den erfolgreichen Fußballspieler der Zukunft folgende Charaktereigenschaften aus:

- Leistungsehrgeiz
- Willenskraft
- Mut
- Zähigkeit
- Ausdauer
- Kampfgeist
- sportliche Lebensweise

Nur wer diese Charaktereigenschaften mitbringt, wird für den Leistungssport mit seinen hohen Anforderungen geeignet sein. Wie hoch die konditionellen Ansprüche in der Fußball-Bundesliga an die Spieler sind, zeigt die nachfolgende Tabelle:

Die Leistung von Bundesligaspielern

Lauf-, Sprung-, Startaktion	Verteidiger	Mittelfeldspieler	Libero	Mittelstürmer	Durchschnittswert
Gehen	1636 m	2021 m	1689 m	1795 m	1421 m
Traben	2960 m	3010 m	2801 m	3054 m	2521 m
Lauf/mittel	843 m	512 m	639 m	452 m	568 m
Lauf/schnell	317 m	418 m	175 m	208 m	219 m
Lauf/maximal	100 m	166 m	163 m	177 m	143 m
Lauf gesamt/m.	5856 m	6127 m	3778 m	5742 m	4466 m
Springen	8 mal	3 mal	4 mal	6 mal	5 mal
Starten	27 mal	28 mal	14 mal	77 mal	36 mal
Abstoppen aus max. Lauf	16	nicht registriert	6	15	12

Die Fußballtechnik als erster und bedeutendster Faktor der Leistung im Wettkampf ist weit mehr als gefühlvolle Ballakrobatik.
Die Technik orientiert sich am Wettkampf. Sie erlaubt es, den Anforderungen des Wettkampfes durch eine zielstrebige, ökonomische Bewegungsfertigkeit gerecht zu werden. An den Spieler werden dabei sehr komplexe technische Anforderungen gestellt. Im Gegensatz zu einem Jongleur, der sich bei seiner kunstfertigen Technik voll auf den Ball konzentrieren kann, muß sich der Fußballspieler, während er den Ball annimmt oder abspielt, meist der Attacke eines Gegners erwehren und gleichzeitig nach der bestmöglichen Abspielmöglichkeit Ausschau halten. Im modernen Spiel müssen deshalb technische Fertigkeiten in hohem und höchstem Lauftempo beherrscht werden.
Die nebenstehende Tabelle ist das Ergebnis einer Reihe von Spielbeobachtungen, die von Sportstudenten der Technischen Universität München durchgeführt wurden. Sie zeigt, mit welcher Häufigkeit die einzelnen Techniken durch Mittelfeldspieler der ersten Bundesliga angewandt werden.
Aus der großen Zahl balltechnischer Aktionen pro Spieler und Spiel darf aber nun kein Übergewicht der Technik abgeleitet werden. Die Technik darf nicht zum Selbstzweck werden, sondern sie ist genauso wie die Kondition und die Taktik ein Mittel, dessen sich der Spieler je nach Spielsituation bedienen soll. Erstaunlich ist, daß selbst Spitzenspieler der Bundesliga in einem Spiel nicht recht viel mehr als 3 Minuten im Ballbesitz sind. 87 Minuten dagegen sind sie in Bewegung, um sich dem eigenen Mitspieler anzubieten oder um dem Gegner den Ball wieder abzujagen.

Anwendungshäufigkeit verschiedener Techniken

Annahme kurzer Pässe	38 mal
Annahme langer Pässe	9 mal
Doppelpaß	10 mal
Paß von 1 bis 15 m	38 mal
Paß von 15 bis 30 m	15 mal
Paß über 30 m	2 mal
Dribbeln (mit Gegner)	9 mal
Torschuß im 16er	2 mal
Torschuß aus 2. Reihe	2 mal
Flanken von re/li	4 mal
Kopfstoß	1 mal
Eckstoß	1 mal
Grundtackling	7 mal
Prelltackling	1 mal
Rempeltackling	1 mal
Lauertackling	6 mal
Spreiztackling	3 mal
Gleittackling	1 mal
Anbieten kurz	14 mal
Anbieten zum Querspiel	40 mal
Anbieten zum Steilspiel	13 mal
Balltreiben	211 m
Gegner verfolgen	275 m

Durchschnittswerte aus 4 Bundesligaspielen für Mittelfeldspieler

Technik

Körpertechnik

Die Körpertechnik ist die Beherrschung der Körperbewegungen bei allen denkbaren Spielsituationen als Grundlage einer wettkampfgerechten Ballbehandlung.
Der Spieler muß vorwärts, rückwärts und seitwärts laufen, starten und sprinten können. Er muß zum Ball springen und den ganzen Körper kräftig zum Kopfstoß einsetzen können. Beim Dribbeln und Takkeln sollte er sich blitzschnell drehen und wenden können, er muß abstoppen und starten im steten Wechsel; schließlich verhindert eine ausgefeilte Falltechnik bei harten Zweikämpfen so manche Verletzung.

Balltechnik

Nur Spieler, die ihren Körper in der vorstehend beschriebenen Form beherrschen, können ihr Ballgefühl im Sinne einer guten Balltechnik spielentscheidend zum Einsatz bringen. Folgende balltechnische Elemente unterscheidet man:

- **Das Stoppen** des Balles, heute besser als An- und Mitnahme des Balles bezeichnet.
- **Das Führen und Treiben** des Balles.
- **Das Dribbeln** des Balles.
- **Die Ballabnahme,** in der Muttersprache des Fußballs auch Tackling genannt.

Balltreiben und Ballführen
mit Innenseite –
Außenseite –
Spann – Sohle

Dribbeln und Täuschen
Balltäuschung
Blicktäuschung
Körpertäuschung

Starten – Laufen – Sprinten
vorwärts – rückwärts – seitwärts

Stoppen und Mitnehmen des Balles mit Kopf – **Brust** – Oberschenkel – Bauch – Innen-, Außenseite – Spann – Sohle

Stoßen des Balles mit Kopf – Spann – **Innenspann** – Außenspann Innenseite – Haken – Knie

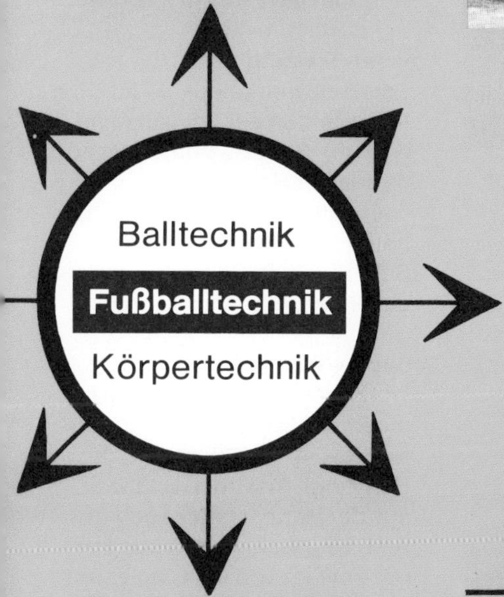

Ballabnahme hier Grundtackling

Springen – Hüpfen
Drehen – Stoppen – Wenden

Sliding Tackling

Spannstoß

Technik: Standbein: in Fuß-, Hüft- und Kniegelenk federnd gebeugt. Spielbein: schwingt in Hüft- und Kniegelenk geradlinig und peitschenartig von hinten nach vorne durch. Standfuß: im Moment des Stoßes eine Fußbreite neben dem Ball. Spielfuß: im Fußgelenk gestreckt und fixiert. Trefffläche: Fußrist an der Schnürung. Oberkörper: über den Ball gebeugt.

Eignung für:	Zuspiel kurz	☒
	Zuspiel lang	☒
	Zuspiel flach	☒
	Zuspiel hoch	☒
	Torschuß scharf	☒
	Torschuß präzise	☒
	Spiel mit Effet	☐
	Direktspiel	☒

Einzel-Training

1. Den Ball aus der Hand mit gestrecktem Fuß und gebeugtem Knie hochspielen und wieder fangen – auch über eine Schnur, Teppichstange etc.
2. Den Ball aus 3–4 m, später 6–8 m gegen eine Wand spielen. Spiele, ohne den Ball anzuhalten!

Partner-Training

1. Torschußwettkampf: Jeder Spieler verteidigt ein Tor (Abstand 8–10 m). Scharfe Vollspannstöße aus der Hand in Hüfthöhe.
2. Fußballtennis: Ball dem Partner halbhoch – auch über eine Schnur, einen Strauch u. dgl. – zuspielen, Abstand verändern.

Gruppen-Training

1. Treibballspiel in 2 Parteien: In einem langen schmalen Spielfeld (ca. 40 × 100 m) wird der Ball möglichst hoch und weit aus der Hand (später auch direkt) zum Gegner geschlagen. Der schlägt von dort, wo er ihn fängt, zurück.
2. Handball-Fußball in 2 Mannschaften auf 2 Tore (s. S. 79).

Typische Fehler: Anlaufrichtung, Stoßbewegungsrichtung oder Standbein weisen nicht zum Ziel • Fußgelenk gebeugt • Fußgelenk nicht fixiert • Standbein weit vom Ball • Schußbein im Kniegelenk zu wenig gebeugt • Oberkörper nicht über dem Ball

9
12

Spannstoß

Der Vollspannstoß kann im Spiel besonders vielfältig eingesetzt werden. Mit ihm können kurze und lange, flache und hohe, weiche und scharfe Pässe gespielt werden. Wegen der mit dem Vollspann zu erzielenden Schärfe ist diese Stoßart für den Torschuß besonders gut geeignet.
Obwohl der Bewegungsablauf des Spannstoßes recht unkompliziert ist, muß dieser im Training einmal wegen seiner großen Bedeutung, zum anderen wegen der kleinen Trefffläche am Fuß besonders oft geübt werden. Der Spannstoß muß sehr präzise ausgeführt werden, wenn der Ball sein Ziel erreichen soll. Dies ist nur durch ständiges Üben in unterschiedlichen, spielnahen Situationen möglich.
Das Zuspiel und die Ausgangssituation vor dem Torschuß sollten wie folgt variiert werden:

- Zuspiel flach von vorne
- Zuspiel hoch von vorne
- Zuspiel flach und hoch von rechts und links im Wechsel
- Zuspiel von hinten
- Spannstoß nach Ballführen und Balltreiben
- Spannstoß nach Dribbling aus der Drehung

Frühzeitig sollte der Torschuß mit dem Spann auch unter gegnerischen Attacken trainiert werden. Dabei kann der Gegner zuerst noch mit Scheinangriffen, später soll er wettkampfgemäß eingreifen.

1

4

7

10

2

3

5

6

8

9

11

12

Hüftdrehstoß

Technik: Spielbein: schwingt aus dem Hüftgelenk (»Hüft«-Drehstoß) in einer halbkreisförmigen Schwungbewegung horizontal gegen den Ball. Standbein: wird durch die Schwungbewegung des Spielbeins in die Stoßrichtung gedreht. Spielfuß und Trefffläche: wie beim Vollspannstoß. Oberkörper: kippt ausgleichend seitwärts bis nahezu in die Waagrechte.

Eignung für:		
	Zuspiel kurz	☐
	Zuspiel lang	☒
	Zuspiel flach	☐
	Zuspiel hoch	☒
	Torschuß scharf	☒
	Torschuß präzise	☐
	Spiel mit Effet	☐
	Direktspiel	☒

Einzel-Training

1. Dehnung und Kräftigung der Rumpfmuskulatur durch Schwungbewegung des Beines über einen Stuhl.
2. Den Ball mit dem rechten und linken Bein im Wechsel vor dem Körper jeweils 2–3 m nach rechts und links spielen.

Partner-Training

1. Zuspiel über 30–40 m mit Hüftdrehstoß, zuerst aus der Hand hochwerfen, später ohne Fangen als direktes Zuspiel hin und her.
2. Torschuß-Wettkampf: Partner A im Tor wirft den Ball hoch zum etwa 11 m entfernten Partner B, der schießt direkt mit Hüftdrehstoß; nach 5 mal Wechsel.

Gruppen-Training

1. 4 Partner – 1 Ball: A wirft oder flankt aus 10–30 m von einer Seite, B schießt mit Hüftdrehstoß, C als Torhüter, D als Ballholer; regelmäßiger Wechsel von A nach B usw.
2. 5 Mann – 1 Ball, Organisation wie bei 1., zusätzlich ein weiterer Zuspieler auf der gegenüberliegenden Seite: Zuspiel von rechts und links im Wechsel.

Typische Fehler: Oberkörper kippt nicht weit genug zur Seite ab • Schwungbewegung aus der Hüfte zu spät und zu wenig hoch • Fußgelenk gebeugt • Fußgelenk nicht fixiert • Zu geringe Beweglichkeit im Hüftgelenk

1

2

3

4

5

6

7

8

Innenseitstoß

Technik: Spielbein: im Hüftgelenk nach außen gedreht, im Knie und Fuß gebeugt. Standbein: Fußspitze in Spielrichtung, im Knie-, Sprung- und Hüftgelenk gebeugt. Spielfuß: zeigt mit der Innenseite zur Spielrichtung, Fußspitze angezogen, so daß Sohle parallel zum Boden, Fuß im Sprunggelenk fixiert. Trefffläche: Innenseite des Fußes von der Zehenwurzel bis zum Knöchel.

Eignung für:	Zuspiel kurz	☒
	Zuspiel lang	☐
	Zuspiel flach	☒
	Zuspiel hoch	☒
	Torschuß scharf	☐
	Torschuß präzise	☒
	Spiel mit Effet	☒
	Direktspiel	☒

Einzel-Training

1. Beidbeiniges Üben am Ballpendel oder einer Übungswand (Hauswand, Garagentor).
2. Zielgenaues Verwandeln von Strafstößen; dabei den Zielpunkt 20–30 cm vom Posten entfernt jeweils genau festlegen.

Partner-Training

1. Fußball-Tennis über eine Schnur, einen Zaun, eine Hecke.
2. Kombinationsübungen (s. S. 38),dabei die Abstände und das Lauftempo steigern; zuerst mit Ballannahme, später direktes Abspiel.

Gruppen-Training

1. 3–6 Spieler – mehrere Bälle: Die Spieler laufen im Abstand von etwa 10 m im Kreis um ein Tor und passen sich dabei die Bälle mit der Innenseite zu, der vor dem Tor am günstigsten postierte Spieler schießt den zugespielten Ball mit der Innenseite aufs Tor.
2. Tratzball 3 gegen 1, 4 gegen 2, 5 gegen 3 usw.: Die ballbesitzenden Spieler stehen im Dreieck, Viereck oder im Kreis und spielen sich den Ball direkt mit der Innenseite zu.

Typische Fehler: Spielbein: zu wenig ausgedreht; Fußspitze nicht hochgezogen, lockeres Fußgelenk • Knie und Fußgelenk im Moment des Stoßes nicht fixiert • Standbein: Fußspitze zeigt nicht in Spielrichtung

adidas

Innenseitstoß

1

2

3

7

8

9

Der **Innenseitstoß** ist die Stoßart, mit der der Ball am sichersten und genauesten gespielt werden kann. Er ist deshalb besonders gut zum direkten Weiterleiten von Bällen, für genaues Zuspiel und für präzise Torschüsse aus kurzer Entfernung geeignet. Hoch einfallende Bälle können entweder flach oder hoch weitergespielt werden. In letzterem Fall spielt man den Ball als Dropkick, d. h., er wird exakt in dem Moment gespielt, in dem er auf den Boden aufspringt.
Wenn der Ball nicht genau im Mittelpunkt, sondern seitlich mit der Innenseite gestoßen wird, kann ihm ein Drall – der Effet – gegeben werden. Seine Flugbahn ist dann nicht mehr gerade, sondern mehr oder weniger bogenförmig. Mit derartigen Effetbällen können Pässe gewissermaßen um den Gegner herum gespielt werden, ohne daß dieser an den Ball kommen kann. Derartige Effetbälle

4 5 6

10 11 12

können auch mit dem Innen- und Außenspann geschlagen werden. Sie sind die Hexer unter den Pässen.
Die Flugbahn kann auch in ihrer Höhe variiert und auf das Spiel abgestimmt werden. Flaches Spiel: Standbein neben dem Ball, Oberkörper über dem Ball.
Hohes Spiel: Standbein hinter dem Ball, Oberkörper zurückgebeugt.

In der oben gezeigten Bildfolge bemüht sich der Spieler, den Ball möglichst flach zu spielen.
Dabei ist zu beachten:
- *Standbein neben dem Ball*
- *Oberkörper über dem Ball*
- *Treffen des Balles in oder sogar über seinem Mittelpunkt*
- *Nach dem Stoß dem Ball nachlaufen.*

Die Flugbahn des Balles wird sofort höher, wenn nur einer der genannten Punkte nicht beachtet wird.

Innenspannstoß

Technik: Anlauf: bogenförmig, ca. im 45°-Winkel. Standbein: etwa 3 Fußbreiten neben dem Ball, stark gebeugt. Spielbein: im Hüft- und Kniegelenk mäßig nach außen gedreht. Spielfuß: Fußspitze mäßig gehoben (Mittelstellung zwischen Spannstoß und Innenseitstoß). Trefffläche: Innenkante des Fußristes. Oberkörper: kippt etwas zur Seite über das Standbein.

Eignung für:		
	Zuspiel kurz	☐
	Zuspiel lang	☒
	Zuspiel flach	☐
	Zuspiel hoch	☒
	Torschuß scharf	☒
	Torschuß präzise	☒
	Spiel mit Effet	☒
	Direktspiel	☐

Einzel-Training

1. Freistöße um ein Fähnchen mit Effet aufs Tor schießen.
2. Eckstöße mit Effet so schlagen, daß Tore direkt erzielt werden.

Partner-Training

1. A als Außenstürmer, B als Mittelstürmer; B spielt von der Mittellinie auf A, dieser treibt den Ball entlang der Außenlinie und flankt von der Torlinie zum mitgelaufenen B, der schießt direkt aufs Tor.
2. A und B spielen sich den Ball mit Effet um ein Fähnchen herum über ca. 30 m zu; flaches und hohes Zuspiel im Wechsel.

Gruppen-Training

1. 3 Spieler – 1 Ball: Die Spieler laufen auf einer gedachten Kreisbahn von ca. 30 m Durchmesser und flanken den Ball dem Vorder- oder Hintermann in den Lauf.
2. 4 Spieler – 1 Ball, Anordnung in einem Rechteck von 5 und 25 m Seitenlänge; A spielt kurzen flachen Paß zum 5 m entfernten B, der flankt zu C, dieser mit kurzem Zuspiel direkt zu D; D flankt zu A, usw.

Typische Fehler: Anlauf zu gerade, dadurch wird der Ball seitlich verzogen • Standbein zu nahe am Ball, dadurch Effekt wie oben • Standbein zu weit vom Ball • Oberkörper kippt zu stark rückwärts, dadurch zu geringe Schärfe • Spielbein zu wenig ausgedreht

1

2

3

4

5

6

7

8

Außenspannstoß

Technik: Anlauf: leicht bogenförmig (beim Stoß mit rechtem Bein von rechts). Standbein: 2 Fußbreiten gebeugt neben dem Ball. Spielbein: in Hüft- und Kniegelenk einwärtsgedreht. Trefffläche: Außenseite des Fußristes von Zehengrundgelenk bis Knöchel. Oberkörper: leicht nach vorne zur Standbeinseite geneigt.

Eignung für:	Zuspiel kurz	☒
	Zuspiel lang	☒
	Zuspiel flach	☒
	Zuspiel hoch	☒
	Torschuß scharf	☒
	Torschuß präzise	☒
	Spiel mit Effet	☒
	Direktspiel	☒

Einzel-Training

1. Aus 30 m Torentfernung Ballführen aufs Tor, bei etwa 20 m Torschuß mit dem Außenspann.
2. An einer Wand Außenspannstöße im Wechsel mit dem rechten und dem linken Bein üben.

Partner-Training

1. Zickzack-Kombinationen, mit und ohne Platzwechsel (s. S. 38), über kurze und lange Entfernung.
2. Beide Partner an der Mittellinie nebeneinander postiert, einer schlägt den Ball in Richtung Tor, beide starten zum Ball, der schnellere wird Stürmer, der andere Abwehrspieler. Der Stürmer deckt den Ball mit dem ganzen Körper ab und schießt mit Außenspann aufs Tor.

Gruppen-Training

Wie bei Innenspannstoß (s. S. 30).

Typische Fehler: Spielfuß nicht weit genug einwärts gedreht, dadurch zu geringe Trefffläche und zu viel Effet • Zu gerader Anlauf • Oberkörper kippt rückwärts weg vom Ball, dadurch geringe Stoßwucht

Anmerkung:
Der Außenspannstoß ist von allen Stoßarten am vielseitigsten einzusetzen. Wegen der relativ großen Trefffläche kann bei großer Schärfe eine hohe Präzision erzielt werden. *Deshalb:* Viel Zeit auf das Training dieser Technik verwenden!

In der Bildreihe ist sehr gut zu erkennen, wie der Spielfuß beim Außenspannstoß einwärts gedreht wird. Je stärker die Kurve gekrümmt ist, auf der der Spieler anläuft, umso ausgeprägter wird die Effetwirkung des Stoßes.

1

2

3

4

5

6

Kopfstoß

Technik: Beine: gegrätscht oder in Schrittstellung. Oberkörper: holt aus der Bogenspannung rückwärts aus und schnellt dem Ball entgegen. Hals- und Nackenmuskulatur angespannt. Kinn: zur Brust nach unten gesenkt. Trefffläche: volle Stirnfläche oder Seitenkante der Stirn; (wegen der damit verbundenen Verletzungsgefahr keinesfalls die Schläfe).

Eignung für:		
	Zuspiel kurz	☒
	Zuspiel lang	☐
	Zuspiel flach	☐
	Zuspiel hoch	☒
	Torschuß scharf	☐
	Torschuß präzise	☒
	Spiel mit Effet	☐
	Direktspiel	☒

Einzel-Training

1. Ball mit dem Kopf in der Luft halten; zuerst im Stand, dann in der Vorwärtsbewegung.
2. Üben am Ballpendel; zuerst im Stand, dann aus dem Lauf, dann im Sprung.

Partner-Training

1. Die Partner stehen sich in etwa 5–10 m Abstand in kleinen Toren (aus Stangen) gegenüber – Torschußwettkampf! Den Ball zum Kopfstoß selbst hochwerfen.
2. Partner A hält den Ball über Kopfhöhe hoch; B steht **unter** dem Ball, springt hoch, holt dabei zur Bogenspannung aus und köpft gegen den fixierten Ball.

Gruppen-Training

1. Torschußtraining mit Kopfstoß, Organisation s. S. 24.
2. Handball-Kopfballspiel im Wechsel (z. B. 6 gegen 6 in abgestecktem Feld auf 2 kleine Tore): Der zugespielte Ball wird gefangen, hochgeworfen und mit dem Kopf zum Mitspieler weitergeleitet; der fängt, wirft und köpft usw. Gegner darf über Brusthöhe nur mit Kopf abwehren!

Typische Fehler: Keine Ausholbewegung aus der Bogenspannung • Bei Kopfstoß aus dem Sprung mit Anlauf – Absprung von beiden statt von einem Bein • Beim Absprung Sprungbein nicht nach hinten geführt • Nacken- und Halsmuskulatur beim Stoß nicht fixiert

ARGENT
AMPARI CAMPARI
METAXA

1

2

5

6

9

10

Eine gute Kopfstoßtechnik ist im modernen Fußballspiel von besonderer Bedeutung. Der meist eng deckende und stürmisch attackierende Gegner erlaubt es oft nicht, daß der hoch ankommende Ball gestoppt wird. Nicht umsonst lautet eine inzwischen schon alte Grundregel: »Keinen Ball springen lassen.« Dies gilt für Angreifer und Abwehrspieler gleichermaßen. Dementsprechend sollte der Ball möglichst frühzeitig direkt mit dem Kopf weitergeleitet werden. Wer dabei zuerst und am höchsten springt, hat die meisten Aussichten auf Erfolg. Neben dem geraden Kopfstoß aus dem Stand, dem Lauf

3

4

7

8

11

12

und dem Sprung (siehe nebenstehende Bildserie) gibt es als Varianten die Kopfstöße aus der Drehung und den Flugkopfball. Dabei hechtet der Spieler dem halbhoch anfliegenden Ball in oft spektakulärer Weise entgegen. Die Mittelstürmer der Nationalmannschaft – heute Klaus Fischer und früher Uwe Seeler – haben damit ihre Gegner schon oft überrascht und mit dieser Technik sehr schöne Tore erzielt.

Auch mit dem Kopfballtraining sollte man frühzeitig beginnen. Um Kopfschäden vorzubeugen, wird empfohlen, daß Kinder mit leichteren Bällen üben.

Übungsformen

Die auf den Seiten 20 bis 37 aufgeführten Stoßarten können außer durch die genannten spezifischen Trainingsformen auch durch allgemeine Übungs- und Kombinationsformen geschult und verbessert werden.
Dabei wird neben der Technik gleichzeitig das grundlegende taktische Verhalten des Freilaufens und des Positionswechsels mitgeschult. Nach dem Abspiel sollte dabei immer auf antrittschnelles Freilaufen geachtet werden.

Zickzack mit Platzwechsel

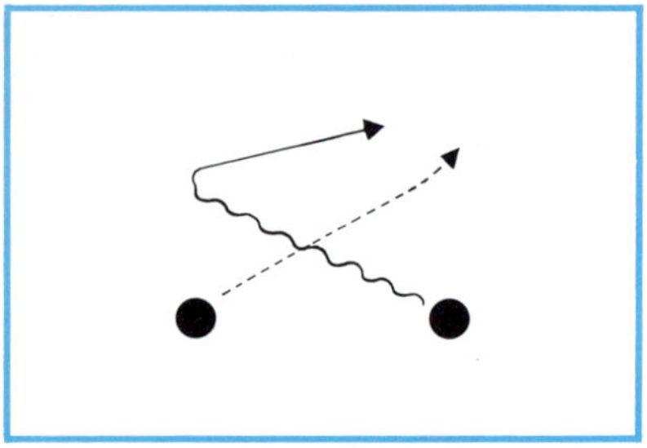

Partner A führt den Ball diagonal über den Platz, Partner B wechselt hinter dem Rücken von B zur anderen Seite; A spielt den Ball aus der Drehung mit vorgeschriebener Technik zu B, der nimmt den Ball in den diagonalen Lauf mit usw. Zuerst wird im langsamen Lauftempo und unter Mitnahme des Balles geübt, später wird das Lauftempo gesteigert und der Ball direkt gespielt.

Steil – quer mit Platzwechsel

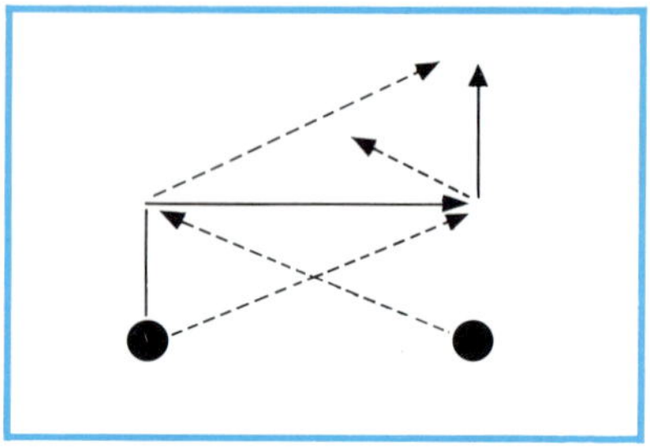

A führt den Ball, 10 m neben ihm läuft B; B startet schräg vor A, dieser spielt den Ball steil in den Lauf von B; nach dem Abspiel startet A hinter dem Rücken von B schräg zur anderen Seite; B spielt den Ball aus der Drehung quer in den Lauf von A.

Steil – steil

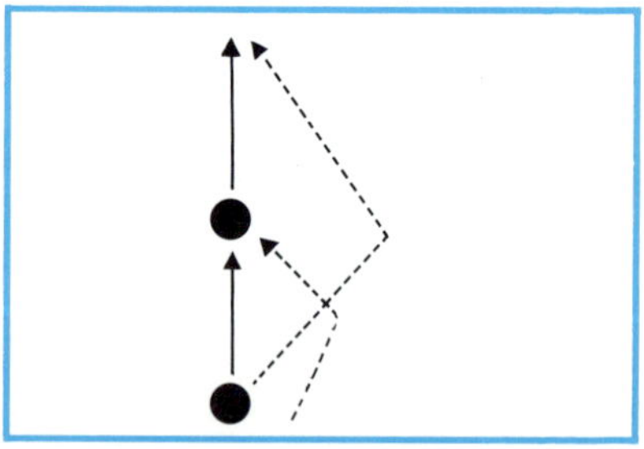

A und B sind in der Länge des Spielfeldes hintereinander postiert. Der hintere Spieler A spielt den Ball steil nach vorne zu B; der übernimmt ihn und wartet mit dem Zuspiel, bis ihn A in einem Bogen schnell überlaufen hat. A ist jetzt vorderer Spieler und erhält den Ball von B zugespielt.

Dreieckspiel ohne Platzwechsel

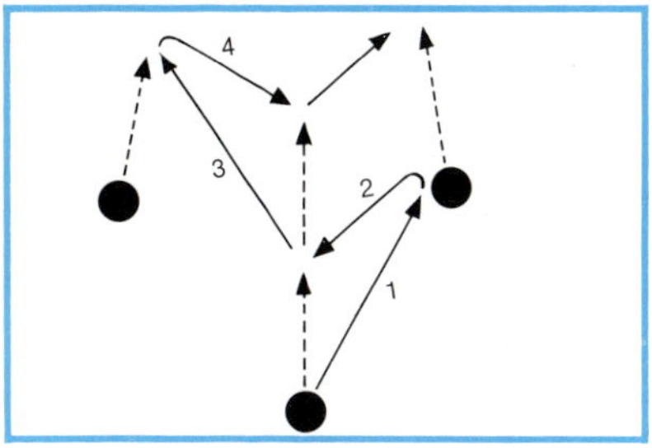

3 Spieler laufen in Dreiecksformation. Der hintere Spieler spielt dabei lange Pässe in den Lauf des rechten und linken Vorderspielers. Diese spielen den Ball schräg zur Mitte zurück. Die Vorderspieler können auch nach jedem Paß die Positionen tauschen.

Dreieckspiel mit Platzwechsel

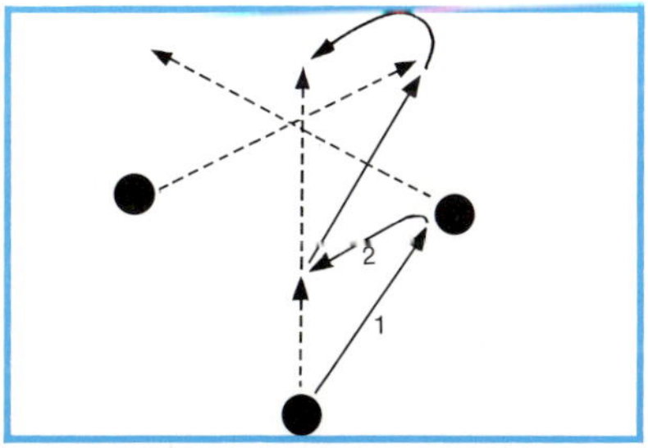

Grundformation wie vorstehend. Nach dem langen Diagonalpaß vorwärts führt der Vorderspieler den Ball auf die hintere Position zurück, während der Zuspieler auf die vordere Position startet. Beide tauschen also die Plätze und Aufgaben miteinander. Dann wird der andere Vordermann angespielt.

Dreierwechsel – steil – quer

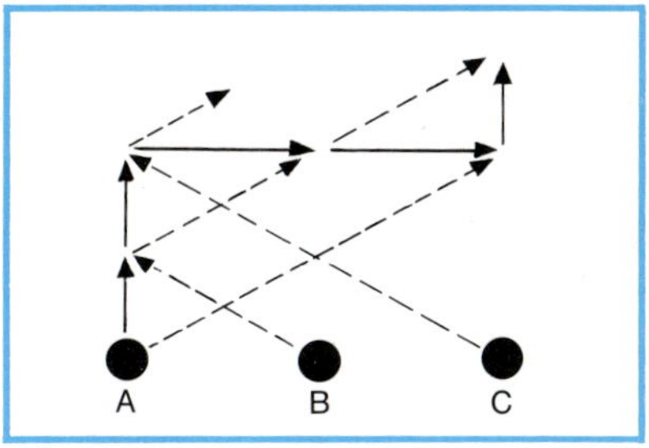

Die 3 Spieler laufen nebeneinander. A spielt den Ball nach vorne, B startet nach dem Ball und spielt zu C nach vorne, der schon gestartet war. Nach dem Ballkontakt wechselt jeder schräg nach vorne. So erhält B von C und A von B den Ball quer zugespielt.

Dreierwechsel steil – steil

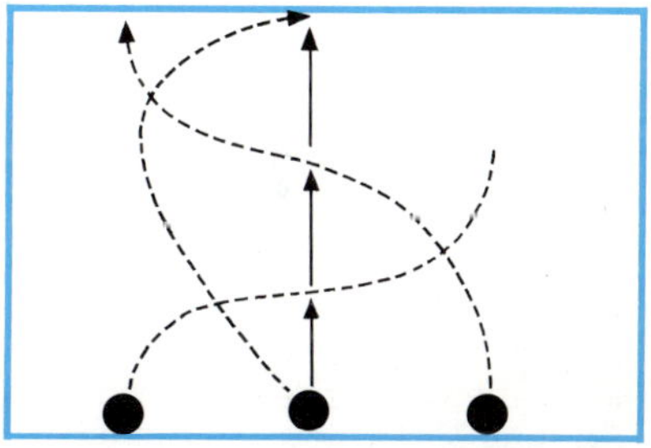

Grundposition wie vorstehend beschrieben. Der Ball wird vom Mittelmann A steil auf den schräg nach vorne innen wechselnden B gespielt, A wechselt nach dem Abspiel sofort nach außen, B übernimmt kurz und spielt erneut steil auf einer gedachten Linie auf C usw.

Stoppen des Balles

Die Technik des »Stoppens«, so wie es früher im Wettkampf angewandt und im Training geschult wurde, hat heute nur noch wenig Bedeutung. Früher, das heißt, noch bis weit in die 60er Jahre hinein, galt das Motto »Stop – schau – gib«. Diesem Motto entsprechend haben die Spieler den zugespielten Ball meist zur völligen Ruhe gebracht, bevor sie ihn zum Mitspieler weitergeleitet haben. Im modernen Fußballspiel sind die Sturmspitzen meist in der Minderzahl gegenüber den gegnerischen Abwehrspielern. Der Spielraum vor dem Tor ist durch die Überzahl der Abwehr sehr beengt und jeder Spieler wird von einem Gegenspieler meist eng gedeckt. Würde heute ein Spieler nach dem oben beschriebenen Motto den Ball erst stoppen, wäre dieser im nächsten Augenblick sicher eine Beute des Gegners. Der technisch versierte Spieler nimmt deshalb den zugespielten Ball unmittelbar und möglichst mit vorausgehender Täuschung in die Bewegung mit. Man spricht deshalb besser von der **»An- und Mitnahme des Balles«** als von »Stoppen«. Von der Hand abgesehen, kann der Ball praktisch mit allen Körperteilen an- und mitgenommen werden:
Im einzelnen unterscheidet man die An- und Mitnahme des Balles mit:

- dem Kopf
- der Brust
- dem Bauch
- dem Ober- und Unterschenkel
- dem Spann
- der Außenseite des Fußes
- der Innenseite des Fußes
- der Fußsohle

Technik

Die Technik der An- und Mitnahme des Balles ist im Grunde immer die gleiche. Der ballannehmende Körperteil wird dem Ball entgegengeführt. Im Moment der Ballberührung weicht er elastisch zurück und schwingt in die neue Laufrichtung. Dieser Gummieffekt wird noch gesteigert, wenn die Muskulatur bei der Ballannahme möglichst entspannt wird. Deshalb: Locker und unverkrampft den Ball annehmen!
Der Bewegungsablauf selbst ist im Grunde immer gegengleich der entsprechenden Stoßart. Bei der Ballannahme mit der Brust unterscheidet man zwei Arten:

- Einmal kippt der Oberkörper im Moment der Ballberührung nach hinten, der Ball bleibt dabei nahe am Körper.
- Soll der Ball in den Lauf nach vorne mitgenommen werden, so kippt der Oberkörper im Moment der Ballberührung nach vorne über den Ball, so daß dieser am Rumpf entlang nach unten vor die Beine tropft und auf diese Art und Weise sofort weiter geführt werden kann.

Trainingsformen

Einzel-Training

1. Den Ball mit der Hand oder dem Fuß wenigstens 3 m hoch spielen und ihn dann in die Vorwärtsbewegung mitnehmen. Dabei alle Techniken im Wechsel anwenden und frühzeitig die Mitnahme des Balles mit einer Finte in die entgegengesetzte Richtung verbinden.
2. Den Ball mit großer Wucht aus etwa 5–10 m gegen eine Wand schießen und ihn nach dem Rückprall nach rechts, nach links, nach vorne oder nach hinten in die Bewegung mitnehmen.
3. Lauf durch einen Zickzack-Stangenslalom (Stangen etwa 10 m voneinander entfernt), dabei den Ball etwa ab der Mitte zwischen 2 Stangen vorwärts neben die nächste Stange werfen, nachstarten und ihn im Moment der Bodenberührung um die Stange herum in Richtung auf die nächste Stange mitnehmen. Nach kurzem Führen wird der Ball aufgenommen und erneut zur nächsten Stange geworfen usw.

Partner-Training

1. Alle Kombinationsformen von S. 38 mit bewußt scharfem Zuspiel, so daß der Ball erst an- und mitgenommen werden muß, bevor er wieder abgespielt wird.
2. Partner A läuft rückwärts, Partner B im Abstand von etwa 10 m in gleicher Richtung vorwärts: A wirft den Ball im Wechsel rechts und links von B, dieser nimmt den Ball in die Bewegung mit und spielt ihn erneut zu A. Zuwurf von A auch mit Einwurftechnik, dadurch wird ein besonders spielnahes Zuspiel erreicht.
3. Partner A ist etwa auf Höhe der 6 m-Linie vor dem Tor, Partner B etwa 25 m vor dem Tor postiert: A spielt einen scharfen, flachen oder hohen Ball auf B und greift diesen sofort an, B übernimmt den zugespielten Ball und versucht, den angreifenden Partner A mit Dribbling zu umspielen und die Aktion mit Torschuß abzuschließen.

Gruppen-Training

1. Einem Zuspieler stehen in Reihe bis zu 10 Spieler im Abstand von 20–40 m gegenüber: Der Zuspieler spielt hohe Bälle auf den ersten entgegenstartenden Spieler, dieser nimmt den Ball an und führt ihn auf den Zuspieler zu, um sich dann hinter dessen Rücken im Abstand von etwa 30 m aufzustellen. Der Zuspieler bedient inzwischen mit einem weiteren Ball den nächsten Spieler usw.
2. Organisation wie bei 1., aber Zuspiel von rechts oder links durch den seitlich postierten Spieler.

Stoppen des Balles

Ballmitnahme mit der Innenseite

Mit der Innenseite werden flach und hoch gespielte Bälle an- und mitgenommen. Der Ball kann dabei in den Lauf vorwärts oder in einem Haken nach rechts oder links mitgenommen werden. Stürmer übernehmen den Ball sehr häufig auch in einer Drehbewegung bis zu 180°.
Wenn der Gegner den ballannehmenden Spieler attackiert, geht der An- und Mitnahme des Balles immer eine Körpertäuschung voraus. Dabei ist eine zeit- und raumaufwendige Doppelschrittkombination nötig.

Ballmitnahme mit der Außenseite

Auch mit der Außenseite können flach und hoch zugespielte Bälle an- und mitgenommen werden. Diese Technik eignet sich besonders gut, wenn der Gegner hart attackiert, weil dabei der ganze Körper zwischen Ball und Angreifer gestellt werden kann. Dennoch sollte man auch bei Anwendung dieser Technik den Gegner durch eine vorausgehende Täuschung abzuschütteln versuchen.
Für Stürmer ist die Ballannahme mit der Außenseite wichtig, weil dabei bereits nach dem ersten Schritt zum Torschuß angesetzt werden kann.

Stoppen des Balles

Ballmitnahme mit der Brust

Die breite, elastische Brust eignet sich sehr gut, um hoch ankommende Bälle an- und mitzunehmen. Grundsätzlich unterscheidet man dabei zwei Techniken:

- Der Oberkörper kippt im Moment der Ballberührung nach rückwärts, der Ball wird dabei gewissermaßen auf der Brust aufgeladen und bleibt nahe am Körper.
- Der Oberkörper kippt nach vorne über den Ball, so daß der Ball am Rumpf entlang zu Boden tropft und sofort in die Laufbewegung mitgenommen werden kann.

→

Ballmitnahme mit dem Oberschenkel

Ist genügend Zeit und Raum zur Verfügung, können hoch anfliegende Bälle auch mit dem Oberschenkel angenommen werden. Die großflächige und durch Muskelpakete weich gepolsterte Oberschenkelfläche ist – insbesondere auch für technisch weniger gute Spieler – zur Ballannahme sehr geeignet. Wichtig ist dabei, daß der Oberschenkel dem ankommenden Ball frühzeitig entgegengeführt wird; nur dann kann er locker nach unten zurückschwingend die Wucht des Balles genügend dämpfen.

→

Tackling

Im gleichen Maße, wie die Stürmer es gelernt haben, sich durch raffinierte Dribblings gegen die Abwehrspieler durchzusetzen, mußten diese zu immer konsequenteren Methoden der Ballabnahme greifen.
Bei der Weltmeisterschaft 1954, als Deutschland erstmals Fußballweltmeister wurde, haben die deutschen Abwehrspieler bereits ein konsequentes Gleittackling gezeigt. Man hat diese Technik damals etwas abfällig »Herberger-Sense« genannt. Inzwischen gehört diese Technik zum Standardrepertoire jedes guten Abwehrspielers.
Im einzelnen unterscheidet man folgende sechs Tacklingarten:

- Grundtackling
- Rempeltackling
- Prelltackling
- Lauertackling
- Spreiztackling
- Gleittackling

Die einzelnen Tacklingarten unterscheiden sich durch die Ausgangsposition, in der Stürmer und Abwehrspieler zueinander stehen.
Beim Spreiz- und Gleittackling greift der Abwehrspieler mit vollem Risiko des totalen Ballverlustes ein, weil er nach der Attacke am Boden liegt und den mit dem Ball davoneilenden Stürmer – wenn ihm das Tackling nicht gelingt – kaum mehr einholen kann. Diese beiden Arten sollten deshalb nur selten angewandt werden.

Trainingsformen

Einzel-Training

Das Tackling läßt sich zwangsläufig nur mit einem ballführenden Partner üben. Im Einzeltraining kann deshalb nur durch gymnastische Übungen die Oberschenkelmuskulatur, insbesondere die der Oberschenkel-Innenseite, gedehnt und gekräftigt werden. Spagatartige Spreizübungen ohne und mit einem Ball sind besonders geeignete Übungen. Für das Gleittackling sollten diese Spreizbewegungen mit einer Abrollbewegung um die Längsachse des Körpers verbunden werden.
Auch das Tackling sollte man, ebenso wie alle anderen technischen Fertigkeiten, mit beiden Beinen üben!

Partner-Training

1. Spiel 1 gegen 1 auf ein kleines Tor: Der jeweils Ballbesitzende wird zum Angreifer, der andere zum Abwehrspieler.
2. Vier Mann – 1 Ball: 2 Spieler stehen im Abstand von 10 m mit weit gegrätschten Beinen, die beiden anderen spielen 1 gegen 1 auf diese Bein-Minitore.
3. Partner A führt und treibt den Ball entlang der Seitenlinie, Partner B verfolgt ihn; A versucht, aus dem Lauf heraus eine Flanke Richtung Tor zu schlagen, B bemüht sich, dies durch Lauertackling zu verhindern.
4. Spiel 1 + 1 gegen 1: Ein Zuspieler bedient vom Mittelfeld aus eine Sturmspitze, die von einem Abwehrspieler gedeckt wird. Je nach Situation muß der Abwehrspieler entscheiden, ob er versuchen soll, durch Prelltackling vor dem Angreifer an den Ball zu kommen oder ob er im Augenblick der Ballannahme den Stürmer durch Rempeltackling stören soll. Ist er für beide Tacklingarten zu spät dran, muß er versuchen, durch Grund- oder Spreiztackling den nun frontal auf ihn zukommenden Angreifer vom Ball zu trennen.

Gruppen-Training

1. Alle kleinen Spiele von 1 gegen 1 bis 6 gegen 6 eignen sich hervorragend, um das Tackling zu schulen.
   Wichtig dabei ist allerdings, daß jedem Spieler ein direkter Abwehrspieler zugeordnet wird. Die Partei, die den Ball zurückerobern möchte, muß aufgefordert werden, jede Möglichkeit des Tacklings aggressiv zu nützen.
2. Spiel »Sturm gegen Abwehr« auf 1 Tor: Jedem Angreifer wird ein direkter Gegenspieler zugeordnet, dieser muß zum frühest möglichen Zeitpunkt tackeln.

Anmerkung: Um Verletzungen weitgehend auszuschalten, sollte man beim Tacklingtraining immer Schienbeinschützer tragen!

Tackling

Grundtackling

Der Abwehrspieler stellt sich mit seinem ganzen Körper dem Angreifer in den Weg. Mit der Innenseite des Spielbeines blockiert er den vom Gegner gespielten Ball. Von dem durch das Anspannen aller Muskeln fixierten Bein prallt der Ball zurück.

1

2

5

4

3

3

4

5

2

1

Prelltackling

Beim Prelltackling ist der Abwehrspieler – bezogen auf den Ball – hinter dem gegnerischen Stürmer postiert. Aus dieser Grundposition kann der Abwehrspieler mit schnellem Antritt vor den Angreifer prellen, um Bälle, die auf diesen gespielt wurden, abzufangen. Wird dabei gerempelt:
→ **Rempeltackling**

4 3 8 7

2 6

1 5

Gleittackling

11 12

10

9

Das Gleittackling ist die technisch schwierigste und taktisch riskanteste Form der Ballabnahme. Sie sollte deshalb nur in Notfällen angewandt werden, d. h., wenn der Gegner den Abwehrspieler bereits überlaufen hat und schon im Torschußbereich ist. In allen anderen Fällen soll man dem Gegner nachsetzen, und wenn er eingeholt ist, den Kampf um den Ball durch Rempeltackling erneut aufnehmen.

Beim Gleittackling selbst muß auf folgendes geachtet werden:

- Das Standbein wird beim vorletzten Schritt tief gebeugt, um den Schwerpunkt zu senken.
- Das Spielbein sollte möglichst das äußere, also das vom Ball abgewandte Bein sein. Es gleitet auf der Kante des Fußes von schräg hinten zum Ball und stößt ihn aus dem Spielbereich des Angreifers.
- Der Oberkörper kippt über das Becken zur Seite. Er wird vom Arm abgefangen.

Um Prellungen und Schürfwunden durch das Gleiten zu vermeiden, ist es zweckmäßig, den Schwung der Bewegung durch eine Rollbewegung um die Längsachse des Körpers abzufangen. Aus dem Abrollen heraus kann der Abwehrspieler auch schneller auf die Beine kommen und damit wieder aktionsfähig werden.

Fintieren und Dribbeln

Im modernen Fußballspiel stehen die Angreifer meist einer Überzahl von Abwehrspielern gegenüber. Dieses Bollwerk kann nur durch den überraschenden Wechsel von ideenreichem Kombinationsspiel und überraschendem Dribbling durchbrochen werden. Im modernen Fußballspiel muß deshalb jeder gute Spieler auch ein guter Dribbler sein! Aber: Was früher bereits für die Technik allgemein gesagt wurde, gilt für das Dribbling insbesondere. Das Dribbling darf nie zum Selbstzweck werden, es sollte immer aus taktischen Überlegungen heraus angewandt werden!

Folgende taktische Grundregeln sollten beim Dribbeln beachtet werden:

- Jeder Paß ist schneller als ein noch so schneller Dribbler. Deshalb nur dribbeln, wenn kein besser postierter Spieler frei steht! Dies ist besonders dann der Fall, wenn man sich durch ein Dribbling eine günstige Position für den Torschuß erspielen kann.
- Das Dribbling ist auch dann angebracht, wenn es gilt, den Ball in den eigenen Reihen zu halten. Dabei ist es für den Abwehrspieler besonders schwierig, an den Ball zu kommen, weil der ballführende Spieler nicht unbedingt den geraden Weg zum Tor sucht, sondern z. B. auch für einige Meter rückwärts in Richtung auf das eigene Tor laufen kann.
- Durch scheinbar planloses Führen und Dribbeln des Balles kann das Spiel vorübergehend verzögert und der Gegner damit eingeschläfert werden. In einem günstigen Moment wird das Spiel dann durch schnelle Pässe überraschend in die gegnerische Hälfte vorgetragen. Dieser Tempowechsel ist ein wichtiges taktisches Element des modernen Fußballspiels.
- Der Mann am Ball wird schließlich auch dann dribbeln müssen, wenn ein Mitspieler in Abseitsposition gelaufen ist, so daß ein Abspiel einen indirekten Freistoß für den Gegner nach sich ziehen würde.

Ob das Dribbling erfolgreich ist, das hängt letztlich von der Schnelligkeit des Spielers und den angewandten Täuschungen ab. Im einzelnen ist zwischen den drei folgenden Finten zu unterscheiden:

Körperfinte

Durch Gewichtsverlagerung des Rumpfes, durch eine angedeutete Schußbewegung des Beines oder durch andere mehr oder weniger weiträumige Bewegungen des Körpers wird eine Aktion in eine Richtung angetäuscht, der Ball wird dann überraschend nach der entgegengesetzten Seite weggeführt.

Ballfinte

Sie ist häufig mit einer Körperfinte verbunden. Um den Gegner noch mehr zu verwirren, wird der Ball zuerst nach einer Seite antäuschend weggenommen. Der Gegner ist gezwungen, in dieser Richtung zu reagieren, er wird dann durch die Aktion in die Gegenrichtung meist auf dem »falschen Bein« erwischt.

Blickfinte

Besonders gegen clevere Abwehrspieler, die auf die üblichen Finten nicht mehr hereinfallen, signalisieren trickreiche Angreifer eine bestimmte Aktion durch einen Blick an. Reagiert der Gegner in der gewünschten Weise, wird wiederum das Gegenteil ausgeführt.
Die Blickfinten sind »auffällig–unauffällig.«

Fintieren und Dribbeln

1 

2 

3 

4 

 1

 2

 3

 4

Körperfinte

links: *aus dem Lauf mit rechtem Fuß nach rechts »Drübersteigen«, dann den Ball mit linkem Fuß nach links wegführen.*

rechts: *Schußtäuschung nach links, den Ball nach rechts wegführen.*

1

2

3

4

1

2

3

4

Ballfinte

links: *aus dem Lauf vorwärts den Ball mit der Sohle zurückziehen und nach einer Körperdrehung mit der Innen- oder Außenseite nach rechts oder links wegführen.*

rechts: *aus dem Lauf den Ball mit der Innenseite nach links und sofort anschließend mit der Außenseite nach rechts führen. (Der Fuß des Standbeines sollte mehr in Spielrichtung stehen.)*

Fintieren und Dribbeln

Training

Der komplizierte technische Ablauf eines Dribblings sollte immer als Ganzes erlernt und geübt werden, denn für die einzelnen Finten gibt es keine geeigneten Vorübungen. Im einzelnen trainiert man folgendermaßen:

- Den Bewegungsablauf der Finte erkennen:
  Der Trick wird von den Reihenbildern im Buch, einem Mitspieler oder vom Trainer abgeschaut. Ideal ist es dabei, wenn die Finte mehrfach hintereinander gezeigt wird.
- Den Trick selbst ausprobieren: Die Finte wird so lange ohne Gegner geübt, bis der Bewegungsablauf im Groben erfühlt ist. Kompliziertere Finten müssen zu diesem Zweck mehrfach an verschiedenen Tagen geübt werden.
- Den Trick automatisieren: Ein Trainingspartner spielt nun den Gegner, er soll noch nicht voll attackieren, sondern nur Scheinangriffe ausführen. Immer wieder der gleiche Trick soll nun mehrfach – bis zu 50mal pro Trainingstag – geübt werden.
- Den Trick variieren: In kleinen Spielen von 1 gegen 1 bis 6 gegen 6 wird der erlernte Trick nun immer wieder ganz bewußt eingesetzt, wenn ein Gegner überspielt oder abgeschüttelt werden soll.

Trainingsformen

Einzel-Training

1. Im Verlauf mehrerer Wochen und Monate nach und nach möglichst viele Körper- und Ballfinten ohne Gegner üben.
2. Durch einen Fähnchenslalom (Stangen hintereinander) oder einen Fähnchenwald (Stangen in abgestecktem Raum beliebig aufgebaut) laufen und dabei die verschiedenen Finten abwechselnd vor dem Umlaufen einer Stange anwenden.

Partner-Training

1. Partner A versucht, durch Finten möglichst lange am Ball zu bleiben, Partner B greift von allen Seiten her an. Grundregel für A: Körper zwischen Mann und Ball!
2. Spiel 1 gegen 1 auf 1 Tor: Partner A greift an, Partner B versperrt den Weg zum Tor, anfangs noch ohne hart zu attakkieren. Anwendung aller geübten Finten.

Gruppen-Training

1. Spiel 1 + 1 gegen 1 auf 1 Tor: Der Stürmer soll sich im Wechsel mit Doppelpaß in Zusammenarbeit mit seinem Zuspieler oder durch Dribbling gegen den Abwehrspieler durchsetzen.
2. Alle kleinen Spielformen (s. S. 70), dabei soll der Mann am Ball zuerst einen Gegner umdribbeln, bevor er den Ball abspielt.

1

2

3

4

5

6

7

8

Fitness und Kondition

Was die »Kondition« im engen Sinn des sportlichen Sprachgebrauchs für den Leistungssportler ist, nämlich die Grundlage für das Erreichen hoher sportlicher Leistungen, das ist die Fitness für den Hobby-Sportler. Fit sein heißt: Für die Alltagsbelastung körperlich in guter Form, gesund, tauglich und anpassungsfähig sein.
Gute Kondition bzw. Fitness zu besitzen, das bedeutet, daß man über körperliche und gesundheitliche Eigenschaften verfügt, die zu besonderen Leistungen im Sport und im Alltag befähigen.

Zwischen Fitness und Kondition besteht kaum ein grundlegender Unterschied. Vielmehr handelt es sich bei der sportlichen Kondition um einen Zustand der Leistungsfähigkeit, bei dem die allgemeine Fitness durch ein gezieltes Training sportartspezifisch weiterentwickelt wurde.
Beide, der Hobby-Sportler, der seine Fitness verbessern möchte, und der Leistungssportler, der um seine Kondition bemüht ist, bauen ihre erhöhte Leistungsfähigkeit auf den im Schema gezeigten motorischen Grundeigenschaften auf.

Fitness + Kondition = Leistungsfähigkeit

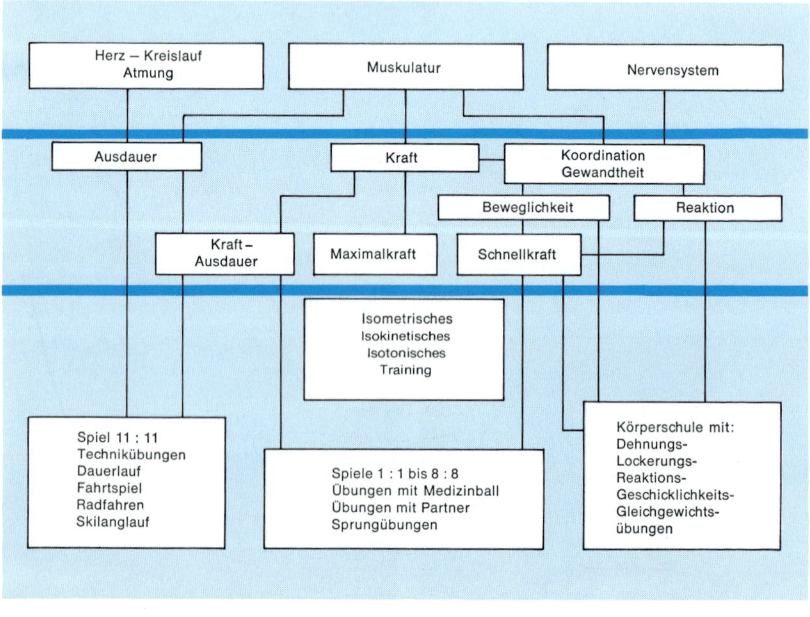

Sportliche Lebensführung

Um eine gute Fitness und Kondition zu erreichen, muß neben dem sportlichen Training auch Wert gelegt werden auf eine umfassende sportliche Lebensführung. Das nachfolgende Schema zeigt, was dabei zu beachten ist. Wer seine Lebensweise so nach sportlichen Gesichtspunkten ausrichtet, der wird gegenüber gleich talentierten, aber untrainierten Altersgenossen in Sport und Beruf wesentlich leistungsfähiger sein.

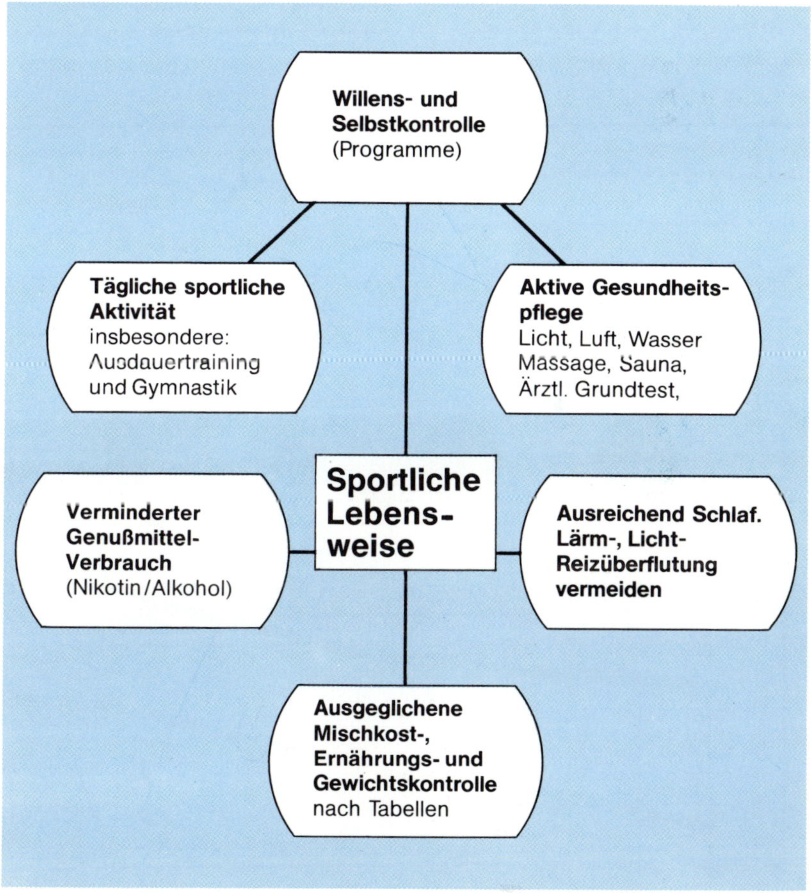

Fitness und Kondition

Fitness und Alltagsbelastung

Der durch tägliche sportliche Aktivität und durch sportliche Lebensweise fit gemachte Organismus ist weit besser in der Lage, die körperlichen, geistigen und seelischen Alltagsbelastungen zu meistern. Es ist in allererster Linie die positive Wirkung des Sports auf das Herz-Kreislaufsystem, die den Sportler leistungsfähig und jung im wahrsten Sinn des Wortes erhält. Nach Aussagen vieler bedeutender Wissenschaftler gibt es bis heute noch kein Medikament und kein Präparat, das den Sport ersetzen könnte. Die beiden nachfolgenden Graphiken verdeutlichen, welcher Mehrbelastung Herz und Kreislauf bei Menschen ausgesetzt sind, deren Organismus nicht durch sportliches Training leistungsfähig gemacht wurde. Beim Trainierten arbeitet das Kreislauf-

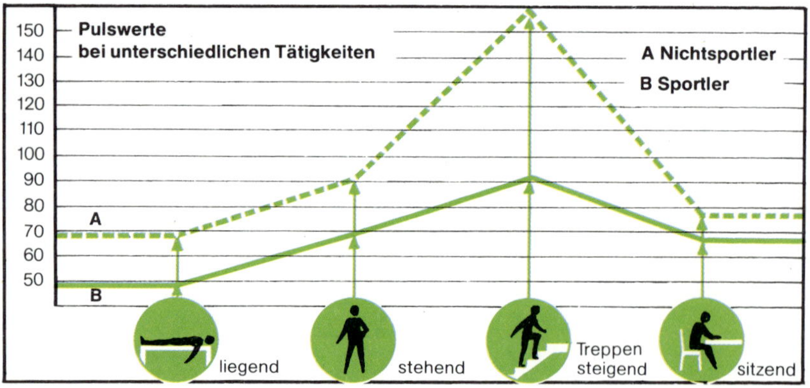

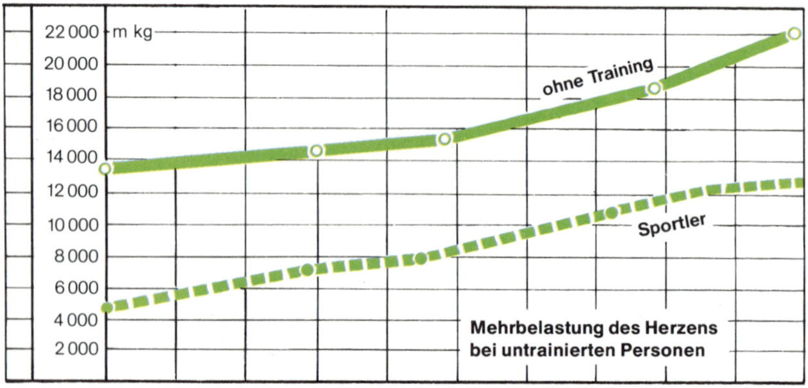

system in Ruhe gewissermaßen im Schongang, so daß das Herz insgesamt pro Tag eine wesentlich geringere Leistung zu erbringen hat als beim Untrainierten.

Trainingsgrundsätze

So vielfältig wie die motorischen Eigenschaften (Schema auf S. 58) sind auch die Trainingsmethoden, mit denen diese Faktoren der Fitness und Kondition verbessert werden.

Das generelle Konditionstraining gibt es heute nicht mehr. Die Methoden zur Verbesserung z. B. der Langzeitausdauer und der Schnellkraft unterscheiden sich wie das spezielle Training für den Spannstoß und für das Freilaufen. Deshalb gilt es auch beim Konditionstraining systematisch und gezielt die Übungen auszuwählen; ebenso müssen die Übungsdauer und die Pausen zwischen den Belastungen nach ganz bestimmten Gesichtspunkten festgelegt werden. Im Verlauf einer Trainingseinheit sollten dementsprechend äußerstenfalls zwei motorische Eigenschaften gleichzeitig trainiert werden. Beispielsweise schließen sich Ausdauertraining und Schnelligkeitstraining grundsätzlich aus.

Für jede motorische Eigenschaft gibt es **eine** optimale Trainingsmethode.

Die **Trainingsmethoden** selbst werden bestimmt durch folgende Faktoren:

- **Intensität** der Belastung
  Sie hängt ab von der bei einer Übung aufgewendeten Kraft, der Geschwindigkeit, mit der eine bestimmte Strecke gelaufen oder eine vorgegebene Übung absolviert wird. Die Intensität wird bezeichnet als maximal, stark, mittel, mäßig; sie kann auch in Prozenten von der Maximalleistung (= 100%) ausgedrückt werden.
- **Umfang** der Belastung
  Errechnet sich aus der Zahl von Übungswiederholungen, zurückgelegten Laufstrecken oder der Zeit, in der Übungen und Spiele durchgeführt werden.
- **Dauer** der Belastung
- **Dichte** der Belastungen

Dauer und Dichte der Belastung hängen sehr stark von der Intensität und dem Umfang der gewählten Belastungen ab. Diese werden ihrerseits wiederum durch die Auswahl der Übungen, Spiele und Wettkämpfe bestimmt. Ein hoch intensives Training muß in aller Regel einen geringeren Umfang haben. Die Dauer der Einzelbelastung ist dabei relativ gering, die Dichte der Belastungen ebenso, d. h., daß die Pausen zwischen den intensiven Übungen verhältnismäßig lang zu wählen sind. Bei Trainingsbelastungen mit hohem Umfang dagegen ist die Intensität gering zu halten.

Trainingsmethoden

Aus der Art, wie die Intensität, der Umfang, die Dauer und die Dichte der Belastung miteinander kombiniert werden, ergeben sich bestimmte Trainingsmethoden. Im wesentlichen ist heute zwischen vier verschiedenen Methoden zu unterscheiden, von denen für das fußballsportliche Fitness- und Konditionstraining allerdings nur drei von Bedeutung sind:

- die Dauerleistungsmethode,
- die extensive Intervallmethode,
- die intensive Intervallmethode.

Die Wiederholungsmethode, bei der hochintensive Belastungen gewählt werden, entstammt dem Body-building; sie ist weder für das allgemeine Fitness- noch für das fußballspezifische Konditionstraining geeignet.

Die nebenstehende Tabelle zeigt, mit welchen Trainingsmethoden bestimmte motorische Eigenschaften verbessert werden. Es werden für die jeweiligen Methoden die geeigneten Trainingsmittel, d. h. die Übungen, Spiele usw. genannt. In den drei letzten Spalten wird das Verhältnis von Intensität, Umfang, Dauer und Dichte der Belastung aufgeführt. Mit Hilfe dieser Tabelle kann jeder Sportler sein Fitnessprogramm und sein fußballspezifisches Konditionstraining ganz gezielt individuell zusammenstellen. Eine große Hilfe dabei ist es, wenn auf einige Wochen im voraus ein Übungs- und Trainingsplan erstellt wird.

Trainingsmethoden

Trainingsmethode	Trainingsziel/ mot. Eigenschaft
1. Dauerleistungsmethode	Langzeitausdauer; Allgemeine und spezielle Grundlagenausdauer, Verbesserung des Sauerstoffaufnahmevermögens durch Verbesserung der Herz-Kreislauf-Atmungs-Leistung
2. extensive Intervall-Methode	Mittelzeitausdauer 2–8 Min. (s. S. 130) Kraftausdauer
3. intensive Intervall-Methode	Kurzzeitdauer 45–120 sec. Schnelligkeitsausdauer, Schnellkraft in Zweikämpfen etc. Antrittsschnelligkeit Sprungkraft Schußkraft

Fitness und Kondition

zur Verbesserung der motorischen Eigenschaften

Trainingsmittel (Beispiele)	Belastungs-intensität	Belastungs-umfang/Dauer	Pausen-gestaltung
Läufe: Waldlauf, Fahrtenspiel, Tempowechsel-läufe; **Spiele:** 3:1, 4:2, 8:8 bis 11:11 **Ballarbeit:** in der Bewegung	**Läufe** mäßig – mittel 40%–50% Spiele: 6:6 auf 1/4 Spielfeld und kleine Tore **Gewichte:** 25%–40%	**Läufe:** 5000 m/Senioren 3000 m/Jugend 2000 m/Schüler **Spiele:** mindestens 30 Min. Dauer **Ballarbeit:** mindestens 45 Min. Dauer	Keine passiven Pausen, nur Wechsel der Intensität oder der Art der Belastung.
Läufe **Tempowechsel-läufe,** **Steigerungsläufe,** **Hügelläufe** **Spiele:** 3:3+3, 3:3 bis 6:6 **Ballarbeit:** in Bewegung mit Gegner mit Pausen (Aufgabenwechsel)	**Läufe:** mittel – stark 60%–70% **Spiele:** 3:3+3, 3:3 bis 6:6 auf 1/4 bis 1/2 Spielfeld **Ballarbeit:** in hohem Lauftempo **Gewichte:** 40%–60%	**Läufe:** 3–5 Serien à 4–10 Läufe über 20–200 m **Spiele:** 3–5 Spiele à 90–180 sec. **Ballarbeit:** Komplexübungen 3–5 Übungen à 4–10 Wiederhol.	Aktive Pausen mit Gymnastik Technikübungen fühlen, bis Puls auf 140 gesunken. Dauer der Pausen: 1–2 Minuten.
Läufe: Starts aus dem Stehen, Sitzen, Liegen; Partnerübungen **Spiele:** 1:1, 2:2, 1:2, 2:1, 3:3 **Ballarbeit:** mit Gewichtsweste; mit Gegner	**Läufe:** stark – submax. 80%–90% **Spiele:** 1:1, 2:2, 2:1, 1:2, 3:3 in höchstem Lauftempo **Ballarbeit** max. Einsatz **Gewichte:** 50%–75%	**Läufe:** 4-6 Serien à 2–5 Starts über 10–70 m **Spiele:** 5–10 Spiele à 30–60 sec. **Ballarbeit** Komplexübungen 4–6 Übungen à 2–5 Wiederhol.	Im Wechsel aktive und passive Pausen; d. h. Puls auf 120 oder 80 reduziert, ca. 2–4 Min. Pause zwischen den Serien.

Trainingsplanung

Wer sich trimmen oder wer gar sportlich trainieren möchte, der sollte möglichst täglich aktiv sein. Für den Normalsportler genügt es dabei durchaus, wenn er sich zweimal die Woche einem intensiveren Training z. B. in einem Verein unterzieht. An den restlichen Wochentagen kann er mit geringem Zeitaufwand, z. B. durch kurze Wald- oder Dauerläufe, durch die morgendliche Gymnastik oder durch Schwimmen und Saunabesuche seine körperliche Leistungsfähigkeit erhalten und verbessern. Wichtig ist dabei aber, daß das Fitnessprogramm planvoll betrieben wird. Ausgehend vom momentanen Leistungsvermögen sollte man sich deshalb einen Trainingsplan erstellen. Der schriftliche Plan schafft nicht nur bessere Übersicht, sondern er hilft auch mit, das Programm abwechslungsreich zu gestalten. Nicht zuletzt trägt ein schriftlicher Trainingsplan mit dazu bei, daß man auch an den Tagen sportlich aktiv wird, an denen man lieber auf der faulen Haut liegen möchte.

Der Trainingsplan sollte so ausgelegt werden, daß zuerst die Ausdauer, dann die Kraft und zuletzt die Schnelligkeit trainiert wird. Gymnastische Übungen zur Verbesserung der Elastizität können in jede einzelne Trainingseinheit eingestreut werden.

Beispiel für einen 4-Wochen-Trainingsplan

	Trainingsziel
1. Woche	
Montag	Langzeitausdauer
Dienstag	Lockerung
Mittwoch	Regenerierung
Donnerstag	Technik, Beweglichkeit
Freitag	Ausdauer, Lockerung, Technik
Sa/So	Spiel
2. Woche	
Montag	Entspannung
Dienstag	Technik, Kraft
Mittwoch	Mittelzeit-Ausdauer
Donnerstag	Technik, Taktik
Freitag	Lockerung
Sa/So	Spiel
3. Woche	
Montag	Entspannung
Dienstag	Technik, Schnelligkeit
Mittwoch	Trainingsspiel
Donnerstag	Technik, Lockerung
Freitag	Dehnung
Sa/So	Spiel
4. Woche	
Montag	Lockerung, Regenerierung
Dienstag	Mittelzeit-Ausdauer
Mittwoch	–
Donnerstag	Technik, Taktik
Freitag	Ballarbeit
Sa/So	Spiel

Fitness und Kondition

Der nachstehende Trainingsplan für einen aktiven Spieler sieht eine tägliche Übungszeit im Verein (V) oder zu Hause (H) vor. Der Trainingsplan ist ohne größeren Aufwand ohne weiteres durchzuführen.

Trainingsmittel	Trainingsmethode	Dauer	Ort
Lang-/Waldlauf	Dauermethode	20–30 Min.	H
Gymnastik m. Ball	Dauermethode	10 Min.	
Schwimmen	Intervallmethode	45 Min.	H
Training	–	90 Min.	V
			V
Selbstbeschäftigung mit Ball	Intervallmethode	20–30 Min.	H
Wettkampf	–	90 Min.	V
Sauna + Gymnastik	–	60 Min.	H
Training	–	90 Min.	V
Tempo-Wechselläufe	extens. Intervallm.	30 Min.	H
Training	–	90 Min.	V
Gymnastik m. Ball	Dauermethode	20 Min.	H
Wettkampf	–	90 Min.	V
Sauna + Schwimmen	–	90 Min.	H
Training	–	60 Min.	V
Wettkampf	–	90 Min.	V
Training	–	60 Min.	V
Gymnastik	Dauermethode	15 Min.	H
Wettkampf	–	90 Min.	V
Waldlauf/Fahrtspiel	mäßige Intervallläufe	45 Min.	H
Training	–	90 Min.	V
–	–	–	
Training	–	90 Min.	V
Gymnastik	beliebig	30 Min.	H
Wettkampf	–	90 Min.	V

Trainingsmittel

Unter dem Begriff »Trainingsmittel« faßt man die Übungen, Spielformen und Wettkämpfe zusammen, mit denen man das Training gestaltet.
Die Einteilung der Trainingsmittel kann nach wenigstens zwei verschiedenen Gesichtspunkten erfolgen. Je nachdem, ob man allein, mit Partner, mit einer Gruppe gleich leistungsstarker Sportler oder auch im Familienverband trainiert, sind unterschiedliche Trainingsmittel geeignet.
Eine weitere Differenzierung ergibt sich aus dem Trainingsziel, das man sich gesteckt hat. Die Tabelle auf den Seiten 62 und 63 gibt dazu bereits einen guten Überblick. Eine Reihe weiterer Beispiele sind auf den Seiten 67 bis 73 zusammengestellt. Zusammen mit den Trainingsformen, die bei den speziellen Techniken genannt sind, müßte es jedem Leser dieses Buches möglich sein, ein individuelles, abwechslungsreiches Trainingsprogramm für sich selbst oder für andere zu erstellen. Wichtiger aber als »was« trainiert wird, ist, »wie« etwas trainiert wird. Nicht zu unterschätzen ist dabei die innere Einstellung zum Training, das immer in einer freudvollen Grundstimmung, aber doch mit vollem Ernst betrieben werden sollte. Erst auf der Basis einer hohen Leistungsbereitschaft können die körperlichen Leistungsreserven mobilisiert werden.

Platz für ein Fitnesstraining im Familienverband findet sich überall. Hier trainieren Vater und Tochter »Strafstöße«, der Sohn umkurvt Slalomstangen, während sich die Mutter mit dem Ball gymnastisch trimmt.

Lauftraining

Grundlagenausdauer

Waldlauf: 3–6 km in einem Tempo, daß der Puls etwa auf einen Wert von 180 minus Lebensalter einpendelt.

Lauftraining nach Cooper: Cooper empfiehlt ein Lauftraining nach folgendem Schema:

Häufigkeit	Laufstrecke	Laufzeit im Übungszeitraum
1.–9. Woche 5 × pro Wo	je 1,5 km	13 : 30 – 9 : 15 Min
ab 10. Woche 2 × pro Woche	je 1,5 km	9 : 00 – 7 : 45 Min
	je 2,5 km	16 : 00 – 11 : 55 Min
	je 3,0 km	bis 17 : 00 Min

Schnelligkeitsausdauer

Steigerungs- und Tempowechselläufe mit und ohne Ball, dabei gymnastische Übungen einbauen, auch Tempoläufe um Slalomstangen, Überspringen von Hürden usw., z. B. 12–15 mal 100 m in 14–16 Sek., mit jeweils 60–90 Sek. Pause; oder 10 mal 200 m in 32–36 Sek., mit je 90–120 Sek. Pause.

Schnellkraft

Treppen- und Hügelläufe mit vollem Krafteinsatz bergauf bis zur totalen Ermüdung der Oberschenkelmuskulatur; bergab langsam traben, anschließend Pause, bis Puls wieder auf 80 reduziert ist.

Trainingsmittel

Staffeln und Wettkämpfe

Pendelstaffel

Je Staffel 3 Spieler, 2 Spieler sind mit Ball an einer Seitenlinie, der 3. gegenüber auf der anderen Seitenlinie aufgebaut. Auf Pfiff startet der erste Spieler mit Ball quer über den Platz und übergibt den Ball bzw. paßt ihn zum dort wartenden Mitspieler, der treibt den Ball zum 3. Mann zurück. Pro Mann je 3 bis 5 Starts, dann Pause.

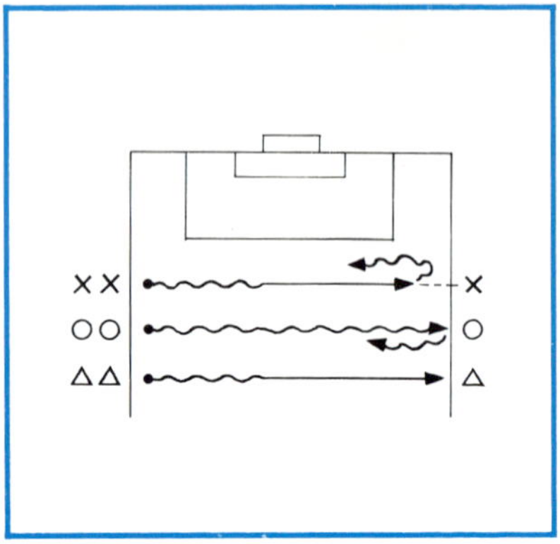

Verfolgungsrennen um den 16 m-Raum

Alle Staffeln sind an einer Ecke des 16 m-Raumes mit je einem Ball postiert. Der 1. der Staffel A startet, B und C im Abstand von etwa 2 m hinterher. Jeder treibt den Ball so schnell als möglich um den 16 m-Raum und übergibt ihn nach einer Runde an den 2. Läufer. Jede Gruppe versucht, die zuvor gestartete zu überholen bzw. die nachfolgende abzuschütteln.

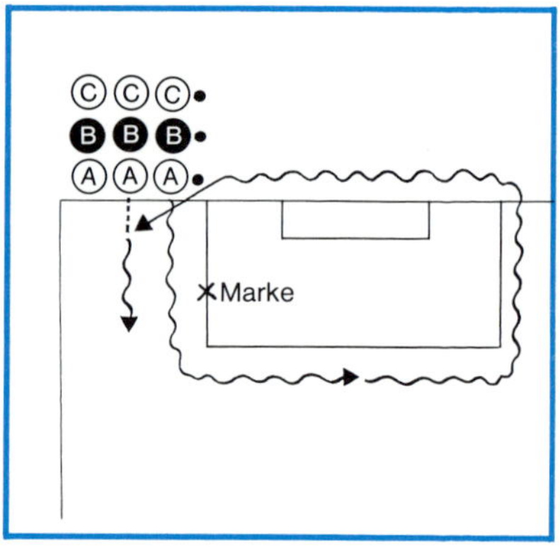

Diagonalstarts

An jeder Ecke des halben Spielfeldes sind gleich viele Spieler. Der 1. Spieler jeder Teilgruppe hat einen Ball. Auf Zuruf starten die 4 Spieler diagonal auf die jeweils gegenüberliegende Position. In der Mitte des halben Feldes muß durch Tempowechsel ein Zusammenstoß vermieden werden!

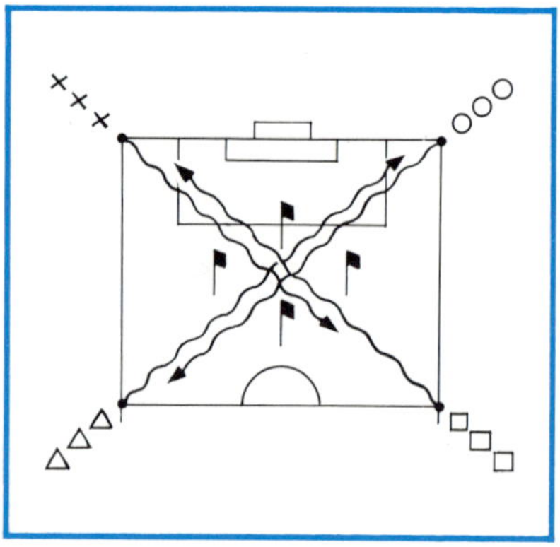

Spielformen – Selbstbeschäftigung

Ball in der Luft halten
Je nach Leistungsstand darf der Ball nur einmal oder überhaupt nicht aufspringen. Bessere Spieler halten den Ball in der Vorwärtsbewegung in der Luft.

Raketen-Abschuß
Den Ball so hoch als möglich senkrecht in die Luft schlagen und ihn im Moment der Bodenberührung oder volley stoppen.

Ball über die Schnur
Den Ball über eine mehr als kopfhoch gespannte Schnur oder einen Strauch hin und her spielen; der Ball soll nicht mehr als zwei, noch besser nur einen Bodenkontakt pro Spielfeldseite haben.

Ballakrobatik
Den Ball wiederum so hoch als möglich schlagen, sofort anschließend einen Liegestütz, eine Rolle vorwärts oder rückwärts oder einen Strecksprung und den Ball im Moment der Bodenberührung fangen oder stoppen.

Anmerkung:
Mit den hier beschriebenen Spielformen werden Technik und Kondition (spezielle Schnelligkeit und Koordination) gleichermaßen verbessert.

Trainingsmittel

Spielformen mit einem Partner

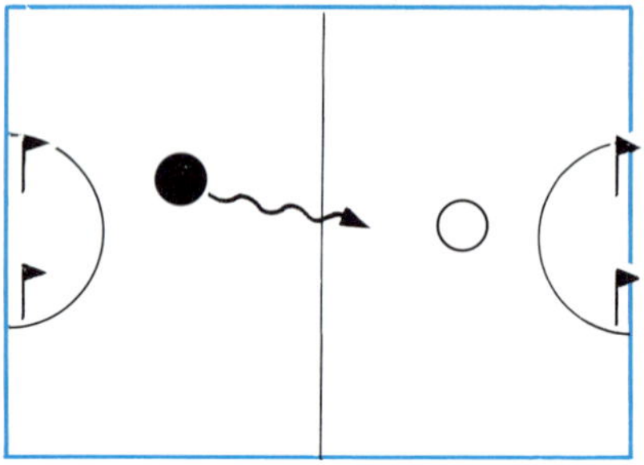

1 gegen 1
In abgestecktem Feld. Entweder ohne Tore, auf ein Tor oder auf zwei Tore spielen. Wegen der hohen Intensität Spielzeit maximal 2 Minuten, dann aktive Pause. Dabei z. B. »Ball in der Luft halten«.

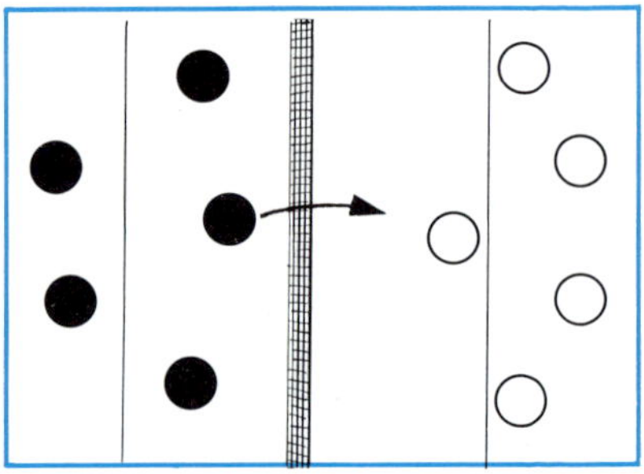

Fußballtennis
In abgestecktem Feld über hüft- bis kopfhohe Schnur spielen. Je nach Leistungsstand zwei, einen oder keine Ballkontakte. Technik freigestellt.

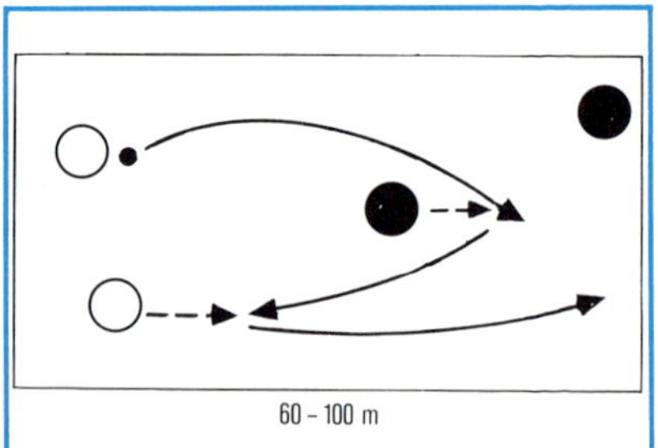

Treibballspiel
In einem Feld von ca. 20 × 100 m wird der Gegner durch möglichst weite Spannstöße aus der Hand in sein eigenes Feld zurückgetrieben. Gegner schlägt von dem Ort, wo er den Ball gefangen oder dieser den Boden berührt hat, erneut zurück.

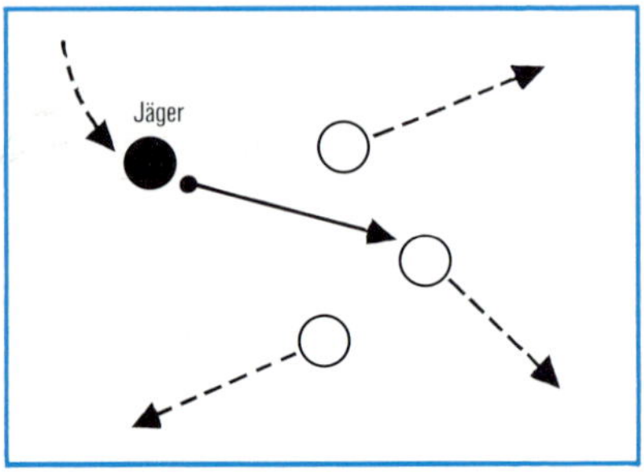

Abschießen
In abgestecktem Feld versucht Partner A den Partner B durch Schüsse aus der Hand oder vom Boden zu treffen. Jeder Treffer zählt einen Punkt, nach 2 Minuten Aufgabenwechsel. Das Spiel eignet sich besonders gut für die Halle.

Spielformen – Mannschaftsspiele

2 gegen 1
In abgestecktem Feld spielen sich 2 Partner den Ball so zu, daß der eine Gegenspieler nicht an den Ball kommt. Abspiel entweder direkt oder beliebig mit Dribbling. Das Spiel 2 gegen 1 ist auch auf ein Tor möglich.

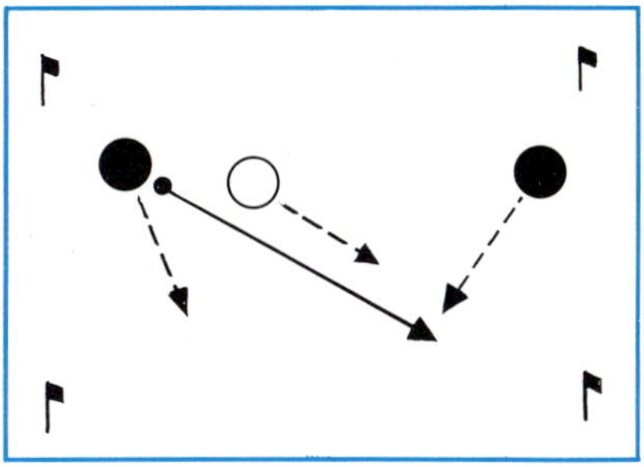

Ball-Zeck
Bis zu 8 Spieler stehen im Kreis und spielen sich den Ball direkt so zu, daß die Fänger (bis zu 4) in der Kreismitte nicht an den Ball kommen.

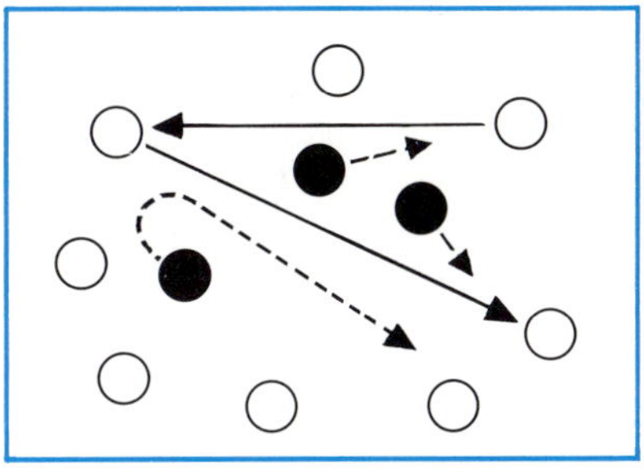

3 gegen 3 im Wechsel von 3 Mannschaften
Mannschaft A greift an, Mannschaft B attackiert. Bei Ballgewinn durch B wird B zum Angreifer und C attackiert. Das Spiel kann auf Tore oder auf Linien gespielt werden. Dabei ist ein Punkt erzielt, wenn die Linie überdribbelt wird.

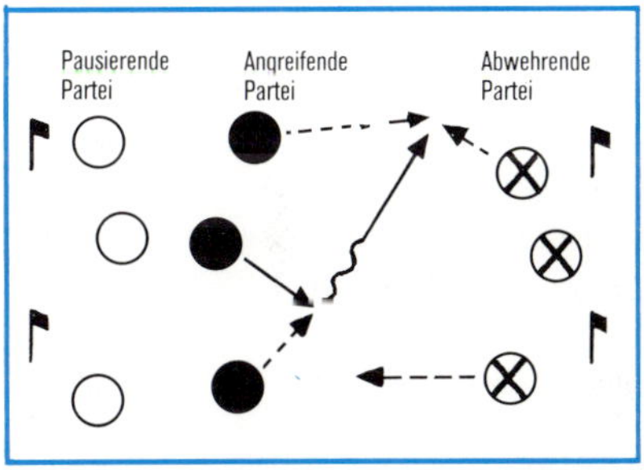

Spiel mit 2 Neutralen
In jeder Mannschaft können 2 bis 8 Spieler mitwirken. Je 1 neutraler Mitspieler steht am oberen und unteren Ende des Feldes, jeder Paß zu einem neutralen Spieler zählt ein Punkt. Die Pässe müssen entweder im Wechsel beim neutralen Mitspieler 1 oder 2 oder sie können beliebig erzielt werden.

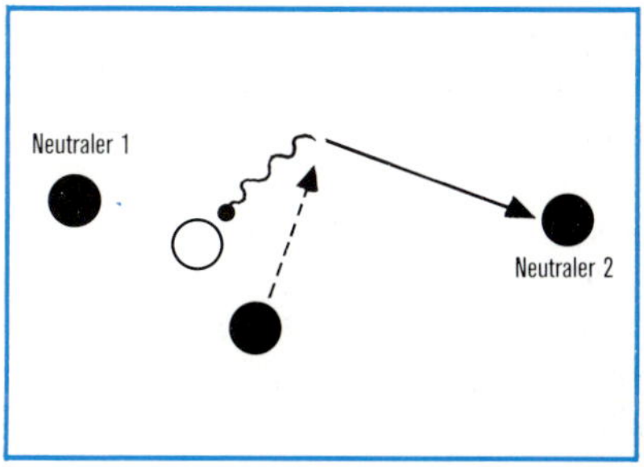

Trainingsmittel

Zirkeltraining

Das Zirkeltraining ist eine moderne Organisationsform zur Verbesserung der Kondition. Dabei sind in kreisförmiger Anordnung verschiedene Übungs- oder Spielstationen aneinandergereiht.
Der nebenstehende Zirkel ist aus technisch-konditionellen Übungen aufgebaut. Zur Intensivierung der Übungen wurde anstatt eines Fußballes ein Medizinball verwendet.
Bei technisch-konditionellen Zirkeln beträgt die Übungszeit pro Station zwischen 20 und 60 Sekunden. In dieser Zeit soll der Spieler möglichst viele Wiederholungen schaffen. Es ist auch denkbar, pro Station eine bestimmte Zahl von Wiederholungen anzugeben und von dem Spieler dann zu fordern, daß er in möglichst kurzer Zeit den gesamten Zirkel durchläuft. Werden in den Stationen schwerpunktmäßig technische Übungen oder kleine Spiele, zum Beispiel 2 gegen 1 oder 1 gegen 1 eingebaut, so wird neben der Technik und der Kondition auch die Taktik mitverbessert.
Bei technisch-konditionell-taktischen Zirkeln beträgt die Übungszeit pro Station etwa 1–3 Minuten. Diese verlängerte Übungs- bzw. Spielzeit pro Station ist nötig, weil bestimmte Spiele eine gewisse Anlaufzeit benötigen und ein Übungseffekt erst nach einer Mindestdauer eintritt.

7

1

2

Verbesserung der allgemeinen und speziellen Kondition

1 Sprungkraft – Schulung
2 Rumpf- und Armkräftigung
3 Verbesserung der Schußkraft
4 Bein-, Rumpf-, Armkräftigung
5 Kräftigung der Bauchmuskeln
6 Verbesserung des Stehvermögens
7 Schultergürtel-, Rumpfkräftigung
8 Stärkung der Rückenmuskeln

3

Jede Übung 10-30 mal, entsprechend der ermittelten Maximalleistung

4

5

Taktik

Neben der Technik und der Kondition ist die Taktik die dritte Säule einer guten Spielleistung. Das Ziel der Fußball-Taktik ist ganz einfach: *»Durch geschickten regelgerechten Einsatz der technischen Fertigkeiten und der konditionellen Eigenschaften Tore schießen, Gegentore vermeiden und so den Gegner besiegen!«*

Die Taktik muß folgende Faktoren berücksichtigen:

- die eigene Leistungsfähigkeit
- den Gegner mit all seinen Eigenschaften und Fähigkeiten
- den taktischen Plan des Gegners
- den momentanen Spielstand
- die jeweilige Spielsituation
- die Witterung, Bodenverhältnisse, Platzgröße etc.

Damit ein Spieler taktisch richtig handeln kann, muß er folglich den Gegner und die Spielsituation genau beobachten, die verschiedenen Möglichkeiten abwägen und dann aufgrund seiner taktischen Erfahrung und Kenntnisse blitzschnell planen und handeln. Der Spieler benötigt dazu folgende Voraussetzungen:

- Er muß den Spielverlauf sehr gut beobachten.
- Er muß wissen, wie man bestimmte Spielsituationen erfolgversprechend löst.
- Er muß in der Lage sein, den taktischen Plan reaktionsschnell, entschlußkräftig und eigenverantwortlich in die Tat umzusetzen.

Bedeutung der Taktik für die Spielleistung

Glaubt man den Aussagen namhafter Trainer, dann ist die taktische Marschroute, die der Trainer im stillen Kämmerlein erstellt hat, für den Sieg entscheidend verantwortlich. Da umgekehrt bei Niederlagen einer Mannschaft noch selten ein Trainer die Schuld der eigenen Taktik zugeschoben hat, muß die überragende Bedeutung der Taktik für das Spielergebnis etwas angezweifelt werden. Dies gilt zumindest, solange Taktik immer nur als geistiges Wunderwerk aus der Hexenküche des Trainers verstanden wird. Tatsächlich aber ist Taktik viel simpler als die vorstehend beschriebene Schachzugakrobatik. Fußball ist im Grunde ein einfaches Spiel, in dem immer wieder bestimmte Standardsituationen auftreten. So kommt es immer wieder zum Zweikampf Angreifer gegen Abwehrspieler, es gibt in jedem Spiel mehrfach regelbedingte Spielsituationen wie Eckstöße, Freistöße etc. Für alle diese Standardsituationen haben sich in der Praxis bestimmte Lösungsmöglichkeiten als besonders zweckmäßig und erfolgversprechend herauskristallisiert.

Helmut Schön hat mehrfach darauf hingewiesen, daß es bei der Ausbildung von Spielern in erster Linie darauf ankommt, dieses taktische Grundverständnis zu schulen.

Fußball – Taktik

Mannschaftstaktik
Offensivspiel – Defensivspiel
Spiel auf Zeit – Ball halten
Zusammenspiel der Spielgruppen

Angriffstaktik
Freilaufen
Kombinieren
Positionswechsel
Durchbruch
Dribbling
Torschuß
Spiel in der Sturmmitte
Spiel auf dem Flügel
Konterangriff
Positionsangriff
Standardsituationen
(Eckstoß, Freistoß etc.)

Abwehrtaktik
Stellungsspiel
Mann – Raumdeckung
Tackling
Kombinierte Deckung
Absichern
Übergeben – Übernehmen
Abseitsfalle
Zusammenspiel mit Torhüter
Zusammenspiel mit Libero
Standardsituationen
(Eckstoß, Freistoß etc.)

Allgemeine individuelle Taktik
Hin zum Mann am Ball!
Dem Ball entgegenstarten!
Keinen Ball springen lassen!
Keinen Ball vorbei lassen!
Körper zwischen Mann und Ball!

Taktik der Spielpositionen im 4:3:3-System
Torhüter, Außen- und Mittelverteidiger, Libero
3 Mittelfeldspieler
Außen- und Mittelstürmer

Spezielle Taktik
des Spieltages, abhängig
vom Gegner, vom Spielstand, von Witterung etc.
von regelbedingten Standardsituationen
(Anstoß, Freistoß, Eckball, Einwurf)

Taktik

Decken und Freilaufen

Als Kampfsport findet Fußball seinen Höhepunkt in den Zweikämpfen beim Dribbeln und Tackeln und beim Decken und Freilaufen. Der Abwehrspieler ist immer bemüht, seinen direkten Gegenspieler nicht an den Ball und nicht zum Torschuß kommen zu lassen, der Angreifer dagegen versucht mit allen Mitteln, dieser Deckung zu entgehen. Das richtige Freilaufen gehört mit zu den wichtigsten taktischen Handlungen. Durch geschicktes Freilaufen kann man:

- sich der gegnerischen Deckung entziehen,
- dem eigenen Mitspieler eine Abspielmöglichkeit schaffen,
- einem Mitspieler den Raum für einen Durchbruch öffnen,
- mit einem Mitspieler die Positionen tauschen.

Die nebenstehende Bildserie zeigt das richtige Freilaufen.
Der durch enge Manndeckung abgeblockte Angreifer startet in dem Augenblick mit explosiven Schritten nach vorne weg, da sein Mitspieler zum Zeichen, daß er abspielbereit ist, den Blickkontakt herstellt. Um den Gegner, der ihn reaktionsschnell verfolgt, abzuschütteln, stoppt er überraschend ab und startet dem Mann am Ball, der abspielen will, so entgegen, daß er im Moment des Abspiels frei steht und den Ball für kurze Zeit unbedrängt annehmen kann.

1

4

7

10

2

3

5

6

8

9

11

12

Decken

Früher, als die Stürmer den Abwehrspielern zahlenmäßig überlegen waren, haben die Abwehrspieler meist zwischen zwei Angreifern gestanden und diese mit **Raumdeckung** abgeblockt. Dies war noch bis in die 60er Jahre beim WM-System der Fall. Mit Einführung des 4 : 2 : 4- und 4 : 3 : 3-Systems wurde ein zahlenmäßiger Ausgleich, ja sogar eine Übermacht der Abwehr hergestellt. Die Abwehrspieler konnten es sich jetzt leisten, einen Gegenspieler direkt in enger **Manndeckung** zu beschatten. Insbesondere technisch gute Spieler und die Spielgestalter einer Mannschaft werden meist mit messerscharfer, hautnaher Deckung abgeblockt.
Bei der Manndeckung ist folgendes zu beachten:

- Der Abwehrspieler steht zwischen Gegner und eigenem Tor,
- er behält den Gegenspieler und den Ball im Auge,
- er deckt auf der dem Ball näher gelegenen Seite schräg hinter dem Gegner.

Mit zunehmender Raffinesse der Stürmer, insbesondere durch das taktisch geschickte Mischen zwischen Doppelpaßspiel und Dribbling, haben es die Stürmer in jüngster Zeit gelernt, auch diese harte Manndeckung auszuspielen.
Selbst der, hinter dem manndeckenden Vorderspieler postierte, Libero ist heute gegen Spitzenspieler oft nicht in der Lage, durch seine zusätzliche Raumdeckung – man spricht im 4 : 3 : 3-System von einer gemischten Deckung – alle Lücken zu schließen. Neuerdings greifen deshalb auch deutsche Bundesligamannschaften erneut auf Raumdeckung zurück. Dabei wird jedem Spieler ein bestimmter Spielraum zugewiesen, für den er verantwortlich ist. Jeder Angreifer, der in diesen Raum eindringt, wird vom Abwehrspieler übernommen. Modern spielende Mannschaften bauen mit dieser Deckung wenigstens drei elastische Abwehrketten vor dem Tor auf. Nach den bisherigen Erfahrungen verfangen sich die gegnerischen Angreifer in diesem Abwehrnetz eher, als wenn sie es nur mit einem direkten Gegenspieler zu tun haben.
Die besondere Schwierigkeit dieser Art der Raumdeckung besteht darin, daß hier mehrere Abwehrspieler gewissermaßen Hand in Hand arbeiten müssen. Fällt nur ein Spieler, z. B. durch schlechte Tagesform oder durch undisziplinierte Spielweise aus, so kann das Abwehrnetz sehr leicht weiter aufgerissen werden.
Ein besonderer Vorteil dieser Art der Deckungstaktik ist, daß hier Mittelfeldspieler und Stürmer die Position mit Abwehrspielern tauschen können; auf diese Art und Weise kann der Wechsel von Abwehr auf Angriff besonders rasch und reibungslos durchgeführt werden.

Trainingsformen

Das Decken und Freilaufen kann durch folgende Übungen und Spiele geschult werden.

1 + 1 gegen 1
Der Angreifer versucht seinen Abwehrspieler durch überraschenden Antritt so abzuschütteln, daß er vom Zuspieler mit einem Paß angespielt werden kann. Der Zuspieler kann auch mehrere Gegnerpaare bedienen (s. S. 76/77).

Spiel 3 gegen 1 oder 4 gegen 2 in abgestecktem Feld von etwa 20 × 20 m
Für die Angreifer gilt: Hin zum Mann am Ball! Die Abwehrspieler müssen wegen der Überzahl des Gegners mit Raumdeckung operieren.

Rollball, Handball oder Basketball in kleinen Spielgruppen auf zwei Tore bzw. Körbe
Der Ball darf dabei nicht über Kopfhöhe gespielt werden, so daß sich die Angreifer in die Gassen freilaufen müssen. Die jeweils abwehrende Partei soll gezielt entweder mit Manndeckung oder mit Raumdeckung operieren.

Spiel 5 gegen 5 bis zu 10 gegen 10 auf ein Tor
Durch dieses Spiel wird insbesondere der schnelle Wechsel von Angriff auf Abwehr und damit von Freilaufen auf Decken geschult. Bei Ballverlust der angreifenden Mannschaft muß jeder Spieler weisungsgemäß auf Raum- oder Mann- Deckung umschalten.

Spielsysteme

Durch das Spielsystem wird jedem einzelnen der 11 Spieler **Position, Spielraum** und **Aufgabe** zugeteilt. Ein bestimmtes Spielsystem ist nicht für jede Mannschaft gleichermaßen gut geeignet. Vielmehr sollte das System, mit dem eine Mannschaft spielt, auf die einzelnen Spielertypen zugeschnitten sein. Die modernen Spielsysteme sichern den Raum vor dem eigenen Tor sehr stark ab; gleichzeitig wird aber das Angriffsspiel dadurch forciert, daß im Wechsel nicht nur die Angreifer, sondern auch die Abwehrspieler mit in den Sturm vorrücken.

Heute werden im wesentlichen zwei Spielsysteme bevorzugt:

- das sog. 4 : 3 : 3-System und als Abwandlung
- das 4 : 4 : 2-System.

Das System selbst stellt aber nur den äußeren Rahmen dar. Je nach den vorhandenen Spielertypen und der taktischen Marschroute kann es in einer Reihe von Variationen gespielt werden.

Während so das Spielsystem normalerweise die taktische Marschroute vorgibt, kann es in besonderen Fällen auch aus taktischen Gründen kurzfristig abgewandelt werden. So z. B., wenn eine Mannschaft, die im defensiven 4 : 4 : 2-System begonnen hat, kurz vor Spielende ein Gegentor hinnehmen muß und jetzt aus taktischen Gründen auf das offensivere 4 : 3 : 3-System umschaltet.

Das 4 : 3 : 3-System

Die 10 Feldspieler formieren sich in 3 Gruppen. Die Abwehr besteht aus einem raumdeckenden Libero, zwei Außen- und einem Mittelverteidiger, das Mittelfeld wird gebildet durch einen defensiven, einen mittleren und einen offensiven Mittelfeldspieler, der Angriff besteht aus dem Rechtsaußen, dem Linksaußen und dem Mittelstürmer.

Befindet sich die Mannschaft in der Defensive, ziehen sich zumindest alle 3 Mittelfeldspieler, häufig aber auch noch die Stürmer mit in die Abwehr zurück. Sie bauen dabei – meist in Raumdeckung – vor den manndeckenden Verteidigern einen weiteren Abwehrriegel auf.

Greift die Mannschaft an, so dringt neben den 3 Sturmspitzen auch ein Mittelfeldspieler in die gegnerische Spielfeldhälfte mit vor.

Das 4 : 4 : 2-System

Mannschaften, die das 4 : 4 : 2-System spielen, operieren mit einer noch defensiveren Einstellung.

Von den 3 Sturmspitzen wird ein Mann zur Verstärkung des Mittelfeldes zurückgezogen. Die beiden Angreifer postieren sich in der Mitte vor dem gegnerischen Tor und geben dabei die beiden Flügel bewußt frei. In diese freien Räume stoßen dann im Wechsel Mittelfeld- oder Abwehrspieler vor.

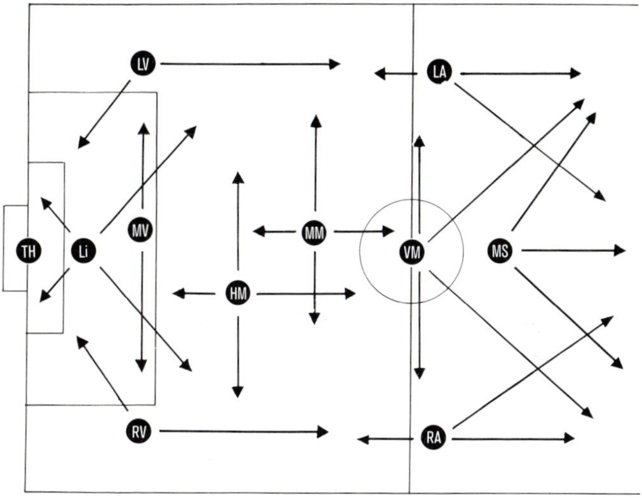
LV
LA
MV
MM
TH
Li
VM
MS
HM
RV
RA

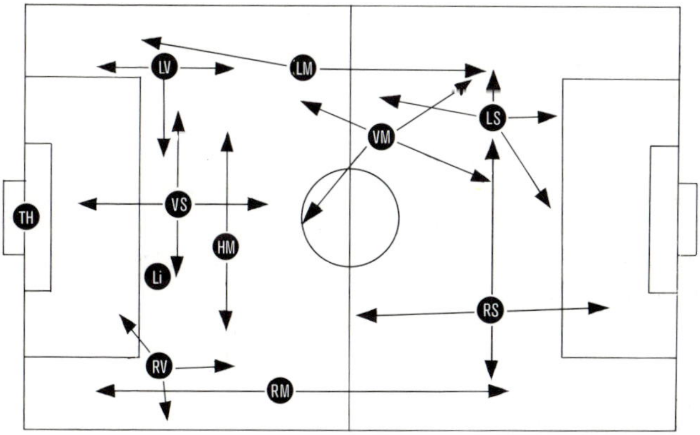
LV
LM
LS
VM
TH
VS
HM
Li
RS
RV
RM

Mannschaftspositionen

Torhüter

Hauptaufgabe des Torhüters ist es, in Zusammenarbeit mit seinen Abwehrspielern, Torerfolge des Gegners zu verhindern. Im einzelnen kommen dabei folgende Aufgaben auf ihn zu:

- Dirigieren der Abwehr – auch durch lautstarke Zurufe
- Abwehren von Schüssen auf der Torlinie
- Abfangen von Flanken und Pässen im 16 m-Raum
- Winkelverkürzendes Abblocken von durchgebrochenen Stürmern durch rechtzeitiges Herauslaufen aus dem Tor

Darüber hinaus ist der Torhüter der erste Angreifer seiner Mannschaft, der blitzschnell entscheiden muß, ob ein neuer Angriff schnell und zielgenau mit der Hand oder möglichst weit durch einen Abschlag eingeleitet werden soll. Immer sollte er dabei auch im Auge haben, ob das Spiel schnell gemacht werden muß oder ob es im Rahmen der Regeln verzögert werden soll.

Libero

In allen modernen Spielsystemen spielt hinter der letzten Abwehrkette ein sogenannter freier Mann, der keine direkte Deckungsaufgabe hat, dafür aber gewissermaßen als Feuerwehr überall dort einzuspringen hat, wo es brennt.
Der Libero ist typisch für die modernen Spielsysteme.

Dem Libero obliegen folgende Aufgaben:

- Organisation der Abwehr
- Absicherung seiner Vorderleute durch Raumdeckung
- Abblocken von durchgebrochenen gegnerischen Angriffsspielern etwa 25 m vor dem Tor
- Einleiten von Gegenangriffen durch exakte Pässe
- Selbst mit in die Offensive gehen und dabei den eigenen Angriff unterstützen

Außen- und Mittelverteidiger

Normalerweise decken sie ihre direkten Gegenspieler in Manndeckung. Lediglich der Außenverteidiger, auf dessen Seite das Spiel nicht läuft, rückt zur Raumdeckung etwas nach innen in Richtung auf das Tor zu. Eine wichtige Aufgabe der Außenverteidiger ist es, überraschend mit in die gegnerische Spielfeldhälfte vorzustoßen und hier für einen Angriff in Überzahl zu sorgen. Diese Vorstöße der Abwehrspieler sollten grundsätzlich durch Torschuß, Flanke oder durch sichere Pässe abgeschlossen werden. Jedes riskante Dribbling ist dabei zu vermeiden.

Mittelfeldspieler

Die drei Mittelfeldspieler im 4 : 3 : 3-System bzw. die vier im 4 : 4 : 2-System haben in erster Linie die Aufgabe, zwischen Angriff und Abwehr zu pendeln. Ist der Gegner im Ballbesitz, ziehen sie sich ganz in die Abwehr zurück und verstärken das Spiel der eigenen Verteidiger; ist die eigene Mannschaft im Ballbesitz, haben sie folgende Offensivaufgaben:

- Bedienen der Sturmspitzen durch genaue Pässe
- Anbieten für Rück- und Doppelpässe
- Vorstoß, abwechselnd in die vorderste Angriffsspitze
- Überraschende Schüsse auf das Tor aus der zweiten Reihe

Sturmspitzen

Da sie meist gegen eine zahlenmäßig weitaus stärkere Abwehrreihe zu kämpfen haben, müssen sie reine Angriffsspezialisten sein und folgende Mittel des Angriffs perfekt beherrschen:

- Torschuß mit Fuß und Kopf
- Durchbruch und Dribbling
- Positionswechsel in der Breite und Tiefe des Raumes
- Alle Arten des Kombinationsspiels wie Doppelpaß und dgl.

Sondertraining

Neben dem allgemeinen Trainingsprogramm sollte jeder Spieler positionsbezogene Übungen in sein Trainingsprogramm aufnehmen.

Torhüter

Die technischen Elemente wie Fangen, Fausten und Hechten ebenso wie die spezifischen konditionellen Eigenschaften wie Elastizität, Koordination, Gewandtheit und Sprungkraft werden in aller Regel im Einzeltraining erarbeitet.
Das taktische Geschick wie Winkelverkürzen, rechtzeitiges Herauslaufen, Zusammenarbeit mit den Verteidigern und dgl. schult man nach modernen spielgemäßen Methoden zusammen mit Abwehrspielern und Angreifern.

Abwehrspieler

Die Abwehrspieler müssen insbesondere die Technik der Ballabnahme, des Kopfstoßes und des Volleyspiels (Hüftdrehstöße) trainieren. Dies geschieht am besten durch isolierte Übungen, wobei sehr bald ein Partner zuerst mit Scheinangriffen und dann mit wettkampfmäßigen Attacken die Aktionen erschweren soll.
Für den Abwehrspieler sind eine hohe Grundschnelligkeit, blitzschnelle Reaktion, Wendigkeit und Härte im Zweikampf besonders wichtig. Diese Eigenschaften werden zum Teil durch isolierte Starts, besser aber durch Zweikämpfe und kleine Spiele wie 1 gegen 1, 1+1 gegen 1 verbessert. Dabei wird gleichzeitig das taktisch richtige Abwehrverhalten, d. h. die richtige Deckungsarbeit und das taktisch richtige Tackling geschult.

Mittelfeldspieler

Die perfekte An- und Mitnahme des Balles in den Lauf und in die

Drehung sowie seine exakte Weiterleitung über kurze und weite Entfernung sind schwerpunktmäßig die Aufgaben, die der Mittelfeldspieler zu trainieren hat. Dazu sollte er Schüsse aus dem Lauf, aus Entfernungen zwischen 16 und 25 m trainieren.
Taktisch muß er als Stürmer und Abwehrspieler ausgebildet werden. Er muß lernen, das Spiel von einer Spielfeldhälfte auf die andere zu verlagern und selbst mit Kameraden in der Sturmspitze die Positionen zu tauschen.
Konditionell sollte der Mittelfeldspieler die Ausdauer in allen ihren Variationen trainieren, so daß er auch in der 89. Minute Ball und Gegner noch konzentriert beherrschen kann.

Sturmspitzen
Fintenreich dribbeln, explosives Balltreiben, Flanken geben und Tore mit Fuß und Kopf aus kurzer und großer Entfernung schießen – all das muß die Sturmspitze unermüdlich trainieren. Tordrang, Torinstinkt, Entschluß- und Kampfkraft sowie blitzschnelles Reaktionsvermögen werden in kleinen Spielen auf ein Tor geschult und verbessert. Das richtige taktische Einzel- und Gruppenverhalten wird zusammen mit der Kondition in komplexen Übungs- und Spielformen trainiert. Die Spurtschnelligkeit muß der Stürmer intensiv trainieren.

Spielgruppen

Die Angreifer
Wie nachstehend gezeigt wird, haben die Angriffsspieler in erster Linie als Stürmer eine Reihe von verschiedenen taktischen Aufgaben zu lösen. Dennoch soll hier auch darauf verwiesen werden, daß sie, wenn der gegnerische Abwehrspieler am Ball ist, die ersten Abwehrspieler der eigenen Mannschaft sind. Jeder Stürmer hat seinen direkten Gegenspieler am genauen Abspiel zu hindern und ihn sofort zu verfolgen, wenn er mit in den Angriff vorrückt. Das Angriffsspiel der Stürmer wird entweder nahe der Seitenlinie als Flügelspiel oder in der Mitte vor dem gegnerischen Tor aufgebaut.

Spiel auf dem Flügel
Es beteiligen sich immer ein Außenstürmer und ein Mittelfeldspieler, häufig auch noch der Mittelstürmer. Das Ziel des Flügelspiels ist es, die gegnerische Abwehr, insbesondere den Libero, vom eigenen Tor wegzulocken, um dort für nachrückende Mittelfeldspieler oder für den gegenüberliegenden Außenstürmer freie Räume und damit gute Schußmöglichkeiten zu schaffen.

Spiel in der Sturmmitte
Dieses Spiel ist besonders schwierig, weil der raumdeckende Libero den Raum vor dem Tor zusätzlich

abschirmt. Gegen dieses verstärkte Abwehrbollwerk setzen die Stürmer folgende taktische Schachzüge ein:

- Durch das vorstehend beschriebene Flügelspiel wird der Libero zum Verlassen seiner Position vor dem Tor gezwungen.
- Der vordere Mittelfeldspieler dringt als zweiter Mittelstürmer ganz in die vordere Spitze mit ein und bindet dadurch den Libero.
- Der Mittelstürmer selbst bewegt sich, solange der Ball nicht in Spielnähe ist, zum Libero hin und bindet dabei seinen direkten Gegenspieler und den Libero gleichzeitig auf einem eng begrenzten Raum.
- Durch Positionswechsel in der Breite und in der Tiefe des Raumes zwischen zwei oder drei Angreifern wird das statische Abwehrgefüge kurzfristig auseinandergebrochen.
- Durch variantenreiches Wandspiel und Doppelpaßspiel wird die gemischte Mann- und Raumdeckung überlaufen.

Die Abwehrspieler

Einiges zum Teamwork der Abwehrspieler wurde bereits auf den vorausgehenden Seiten gesagt. So z. B., daß der raumdeckende Libero und die manndeckenden Verteidiger eine Art gemischte Deckung ergeben, oder daß neuerdings auch die reine Raumdeckung praktiziert wird. Besser sollte man sie als **»Mann-im-Raum-Deckung«** bezeichnen. Dabei wird jedem in der Abwehr tätigen Spieler ein bestimmter Abwehr-Aktionsraum zugeteilt. Ein Gegner, der in diesen Raum eindringt, wird vom zuständigen Abwehrspieler zuerst mit Raumdeckung übernommen und, je mehr er sich dem eigenen Tor nähert, erst locker, dann eng abgedeckt.

Bei dieser Deckungsart ist das Zusammenwirken und das gegenseitige Helfen zwischen den Abwehrspielern dringend nötig. Zwei taktische Schachzüge kennzeichnen diese Art der Abwehr:

- Das Absichern eines Mitspielers,
- das Übergeben eines Gegners.

Beim Absichern wird der Rückraum des im Zweikampf stehenden Abwehrspielers entweder durch den Libero oder durch den nach innen gerückten Außenverteidiger mit abgedeckt. Der absichernde Spieler postiert sich etwa 3 m schräg hinter seinem Vorderspieler, so daß er die vom tackelnden Spieler freigegebene Seite mit abschirmt.

Wird der attackierende Vorderspieler durch den Angreifer überspielt, so kommt die zweite Taktik zum Zuge. Der Stürmer wird von dem absichernden Abwehrspieler verzögernd angegriffen, der überspielte Abwehrspieler startet sofort zurück und übernimmt seinerseits das Absichern seines Kameraden.

Spezielle Spielsituationen

Fußball ist ein unkompliziertes Spiel, bei dem bestimmte Spielsituationen immer wieder aufs neue vorkommen. Für den Fußballfan macht dies den besonderen Reiz des Spiels aus, denn er ahnt die Entwicklung einer Spielsituation voraus und wartet geradezu darauf, wie die Spieler diese Situation zu lösen versuchen. Es gibt eine Reihe bewährter Lösungsmöglichkeiten für Spielsituationen wie Freistoß, Eckstoß, Anstoß und Einwurf. Je nach den speziellen technischen Fertigkeiten der eigenen Spieler und des Gegners sollte eine Mannschaft bestimmte taktische Varianten bevorzugt anwenden. Z. B. schlägt man den Eckstoß gegen einen unsicheren Torhüter und bei kopfballstarken Stürmern immer so vor das Tor, daß die entsprechenden Schwächen und Stärken voll zur Wirkung kommen.

Freistoß

Freistöße sollten direkt verwandelt werden. Wenn dies nicht möglich ist, kann ein Freistoß nach einer der beiden nachstehenden Varianten indirekt ausgeführt werden.

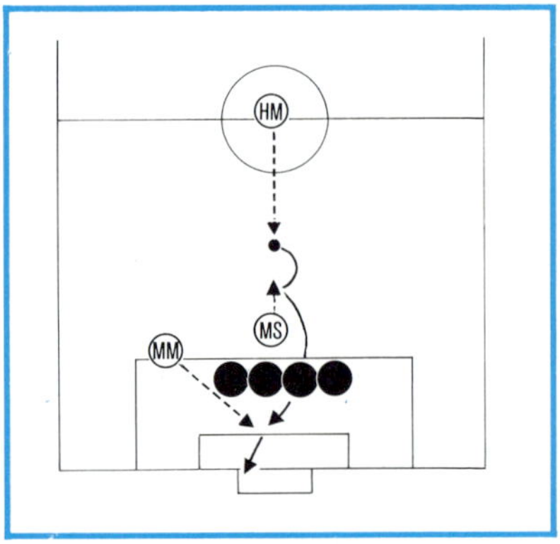

Freistoß-Heber

Ein Spieler hebt den Ball überraschend zu einem vor der Mauer postierten Mitspieler, der ihn seinerseits über die Mauer zu einem hereinstartenden Torschützen weiterleitet.

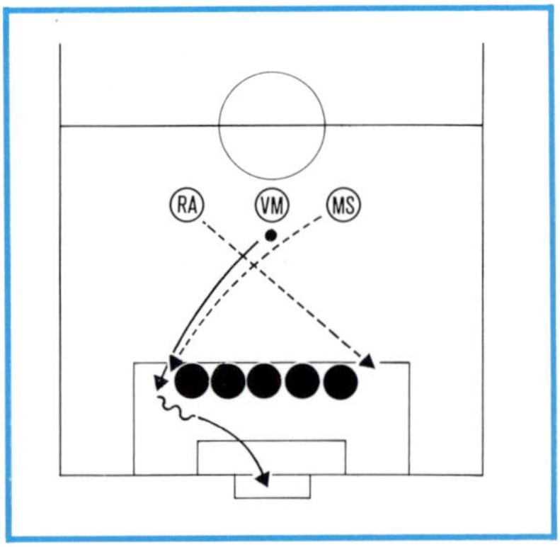

Paß an der Mauer vorbei

In der Nähe des Balles versammeln sich zwei oder drei Spieler. Ein oder zwei Spieler starten gerade oder über Kreuz seitlich an der Mauer vorbei. Einer erhält den Ball in den Lauf gespielt, versucht die Mauer zu überlaufen und die Aktion mit Torschuß abzuschließen.

Eckstoß

Folgende Grundvarianten sind zu unterscheiden:

- Die kurze Ecke über 3–10 m zu einem herauslaufenden Mitspieler,
- die halbhohe Ecke auf das kurze Toreck,
- die hohe und weite Ecke mit Effet zum oder vom Tor weg,
- die nach hinten zum Schuß aus der zweiten Reihe aufgelegte Ecke.

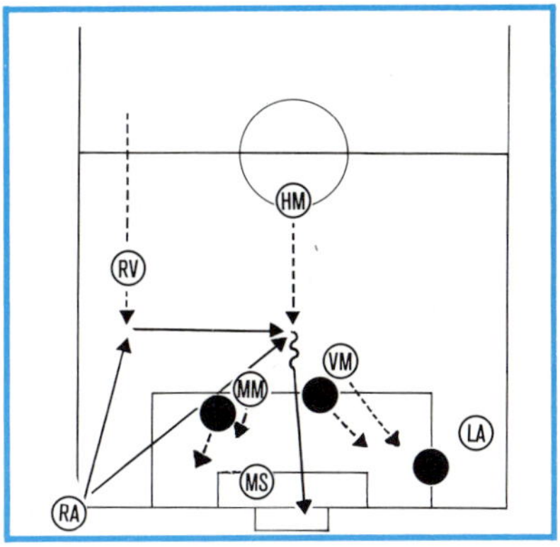

Die halbhohe Ecke

Wenn der Gegner in der Kopfballtechnik überlegen ist, läuft ein Spieler auf Zuruf dem scharfen halbhohen Zuspiel entgegen. Er hat dann mehrere Möglichkeiten:

- Den Ball direkt verwandeln,
- den Ball nach hinten zu den Mitspielern halbhoch verlängern,
- nochmal zum Zuspieler zurückspielen.

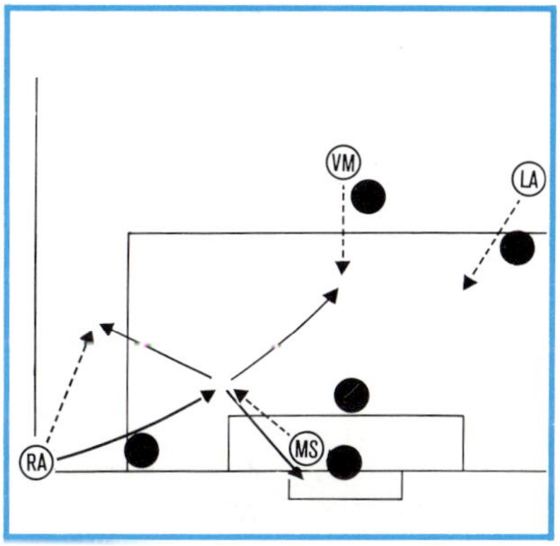

Die hohe Ecke

Sind in den eigenen Reihen Kopfballspezialisten, so wird die Ecke entweder mit starkem Effet auf das lange hintere Toreck gespielt oder mit Effet vom Tor weg in einen bewußt von allen Angreifern freigehaltenen Raum gespielt. In diesem Raum starten im Moment des Eckstoßes mehrere kopfballstarke eigene Spieler, um den Ball zu verwandeln.

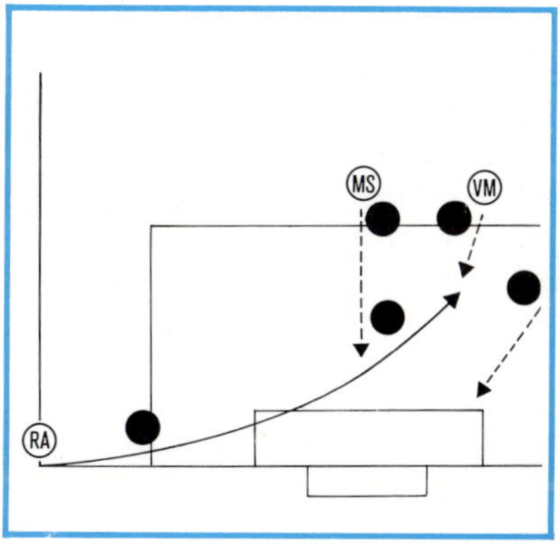

Taktik des Spieltages

Jeder Spieltag bringt eine Reihe unterschiedlicher Bedingungen mit sich, auf die sich eine Mannschaft taktisch einstellen sollte:

- Die äußeren Umstände wie Witterung, Bodenverhältnisse, Sonnenstand, Spielfeldausmaße usw.,
- der Gegner mit seinen technischen, konditionellen und taktischen Qualitäten,
- Heim- oder Auswärtsspiel.

Äußere Umstände

Bei einer Platzbesichtigung kurz vor dem Spiel werden die Platzverhältnisse und die Umweltbedingungen beurteilt.

Platzgröße

Die Platzgröße kann schwanken zwischen 90 × 120 m in der Länge und 45 × 90 m in der Breite. Die Regel besagt lediglich, daß der Platz länger als breit sein muß. Dementsprechend kann der Platz extrem klein oder groß sein, er kann nahezu quadratisch oder schlauchartig lang sein. Auf großen Plätzen werden konditionsstarke Spieler eingesetzt, die durch einen Regisseur mit langen Bällen über das Feld gehetzt werden. Auf kleinen Plätzen fühlen sich wendige Techniker wohler. Diese Gesichtspunkte sind bei der Auswahl der Spieler für die Mannschaftsaufstellung zu berücksichtigen.

Bodenverhältnisse

Auf nassem, rutschigem oder vereistem Boden wird man mit sicherem Kurzpaßspiel und genauen Pässen in den Fuß des Mitspielers operieren. Der Mann am Ball versucht das eingeschränkte Reaktionsvermögen der Abwehrspieler durch Dribblings und Finten auszunützen. Schüsse aus allen Lagen – auch aus der zweiten Reihe – sind erfolgversprechend.
Bei tiefem, morastigem Boden oder Schneeboden wird ein weiträumiges unkompliziertes »Kick-and-Rush-Spiel« bevorzugt.

Lufttemperatur

Bei großer Hitze nehmen erfahrene Spieler häufig Salztabletten, um den krampffördernden Salzverlust auszugleichen. Die Betreuer halten erfrischende Getränke und Franzbranntwein zur Kühlung von Nacken und Brust bereit. Umgekehrt ist bei extremen Kältegraden der Schutz durch Strumpfhosen, Handschuhe und Stirnbänder zu empfehlen.

Sonnenstand und Windrichtung

Die Sonne kann in der zweiten Halbzeit hinter Bäumen, Häusern und dgl. verschwinden, der Wind kann sich drehen, verstärken oder abschwächen. Dementsprechend sollten Spielführer und Mannschaftsbetreuer schon bei der Platzwahl ihren taktischen Vorteil suchen.

Spielweise des Gegners

Die Taktik des Spieltages hängt für den einzelnen Spieler und für die ganze Mannschaft sehr stark von Eigenschaften des jeweiligen Gegenspielers ab:

- Den körperlichen Fähigkeiten,
- den technischen Fertigkeiten,
- seiner taktischen Marschroute.

Die Kondition des Gegners bestimmt die eigene Marschroute entscheidend mit. Gegen einen konditionell überlegenen Gegner darf man auf keinen Fall offensiv spielen. Da er seine überlegene Kraft mit der Länge des Spiels immer deutlicher zum Einsatz bringen kann, wäre ein Rückstand besonders unangenehm. Deshalb ist es zweckmäßig, aus einer verstärkten Deckung heraus den Gegner mit technischen Mitteln, durch kluges Ballhalten und durch Flügelwechsel so lange zu hetzen, bis er seine körperliche Überlegenheit verbraucht hat. Kraftraubende Dribblings und Steilpässe in den freien Raum sind zu vermeiden.
Selbstverständlich ist gegen besonders groß gewachsene Gegenspieler der Ball flach zu halten.
Wenn der Gegner technisch besonders stark ist, und wenn man der Überzeugung ist, daß die eigene Kondition besser als die des Gegners ist, dann sind Geduld und Nervenstärke Mittel der Taktik.
Konditionsstarke Mannschaften dürfen trotz gelegentlicher technischer Fehler in den eigenen Reihen und trotz der optischen Überlegenheit des Gegners nicht aufstecken. Ihre Zeit kommt oft erst in den letzten 15–30 Minuten des Spiels. Bis zu diesem Zeitpunkt müssen sie den Gegner nach allen Regeln der taktischen Spielkunst über das Feld hetzen. Ist der Gegner am Ball, so sollten sich möglichst alle Spieler der eigenen Mannschaft vor das Tor zurückziehen, um die gegnerische Mannschaft aus ihrer Hälfte zu locken. Bei Ballgewinn wird der Gegner dann mit langen weiträumigen Konterangriffen über das ganze Feld zurückgehetzt. Dieses ständige Hin und Her wird den konditionell unterlegenen Gegner frühzeitig ermüden.
In diesem Zusammenhang sei auch noch darauf verwiesen, daß der Kampf Mann gegen Mann nicht nur mit technischen, konditionellen und taktischen Mitteln durchgeführt wird. Besonders gewitzte Spieler gehen auch auf die psychologischen und charakterlichen Stärken und Schwächen ihres Gegners ein. So werden sensible Spielertypen sehr häufig durch harte – wenn auch faire – Attacken frühzeitig aus dem Rhythmus gebracht; andererseits kann man versuchen, einen besonders harten Gegenspieler durch kameradschaftliche Randgespräche dazu zu bringen, daß er etwas vorsichtiger spielt.

Sportverletzungen

Fußball-Verletzungen – Vermeidung und Behandlung

Wie bei jeder sportlichen Betätigung besteht natürlich auch bei fußballsportlichen Aktivitäten und hier insbesondere bei den Zweikämpfen, die diesen Sport so attraktiv machen, eine gewisse Verletzungsgefahr.
Einer Statistik des Württembergischen Landessportbundes zufolge liegt Fußball mit 3,2% Verletzungen bezogen auf die Zahl der Aktiven an der Spitze der gefährlichen Sportarten. Dabei werden Beine, Rumpf, Schulter und Kopf unterschiedlich oft verletzt. Die Verletzungsgefahr kann sicher nicht völlig gebannt werden, nach Empfehlung von Erich Deuser läßt sie sich durch vorbeugende Maßnahmen aber entscheidend vermindern:

1. Gesunde Lebensweise; ausreichend Schlaf, Körperpflege, Bäder, Massagen, Sauna.
2. Regelmäßiges Training.
3. Eiterherde beseitigen: z. B. Zähne, Mandeln.
4. Nach Krankheiten und Verletzungen vorsichtig die Belastung steigern.
5. Die Trainingsprinzipien beachten: z. B. Wechsel von Bela-

Sportverletzungen

Art der Verletzungen

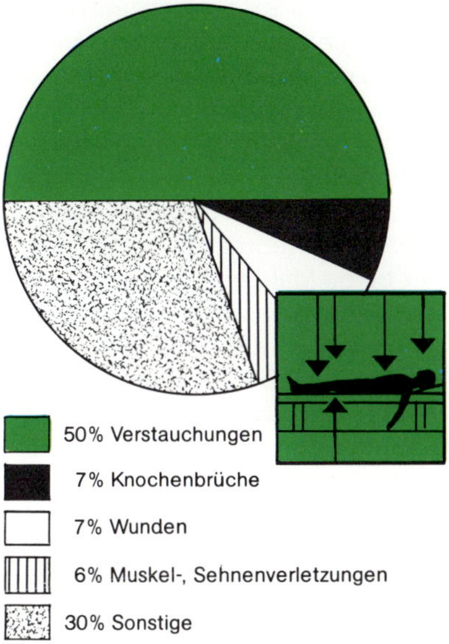

Lokalisation der Verletzungen

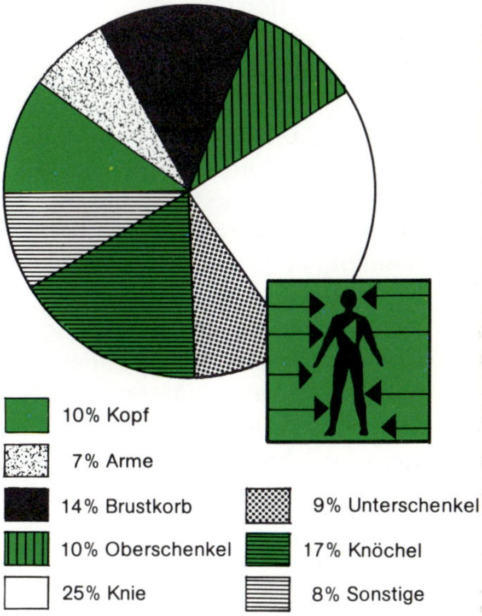

stung und Erholung, richtiges Krafttraining etc.

6. Warmmachen und Weichmachen: wenigstens 15 Minuten vor dem Wettkampf warmmachen mit gymnastischen Dehnübungen.
7. Schienbeinschützer immer, Bandagen wenn nötig benützen!
8. Hautrötende Einreibemittel vermeiden.
9. Bei Neigung zu Muskelkrämpfen: Einnahme von Salztabletten.

Behandlungsmethoden

Sollte sich ein Spieler einmal – trotz Beachtung der vorstehend genannten Maßnahmen zur Vermeidung – eine Verletzung zuziehen, so gibt es heute eine Reihe von Behandlungsmöglichkeiten. Dabei ist zu unterscheiden zwischen der Erstversorgung, die möglichst rasch und fachgerecht durch den Spieler selbst oder durch einen Betreuer durchgeführt werden kann, und der Weiterbehandlung, die durch einen Arzt,

einen Masseur oder, wie sie auch genannt werden, durch einen Physiotherapeuten erfolgt.
Die Erstversorgung ist für den raschen Heilungserfolg von ganz entscheidender Bedeutung. Durch eine fachkundige Erstversorgung kann der Heilungsprozeß, d. h. die Zeit, in der der Spieler nicht sportfähig ist, auf die Hälfte der üblichen Behandlungsdauer reduziert werden.
Auch bei der Weiterbehandlung sollte der Patient die einzelnen Maßnahmen aktiv unterstützen. Dazu sind einige Grundkenntnisse über die Arten von Verletzungen und deren Behandlung wichtig. Auf den nächsten Seiten werden deshalb die Behandlungsmethoden, wie sie der Olympiamasseur der deutschen Hockey-Nationalmannschaft, Hans Montag, empfiehlt und selbst anwendet, im Telegrammstil beschrieben.

Heilung durch Eis und Kälte
Von allen Maßnahmen der Erstversorgung ist die Behandlung durch Kälte die wichtigste. Das *Chloräthyl-Kältespray* gehört schon zur Standardausrüstung jedes Trainers. Leider wird es nach Zerrungen, Verstauchungen und Muskelquetschungen immer noch als schmerzlinderndes Kälteschockmittel angewendet, ohne daß durch anschließende Eisbehandlung die Bildung eines Blutergusses verhindert wird. Dieser Bluterguß und die folgende Bildung von Keimen und Bakterien durch beschädigte Gewebeteile aber sind es, die die Verletzungen oft so langwierig machen.
Beides – Bluterguß und schädliche Gewebekeime – können durch *Eisabreibungen* und *Eispackungen* auf ein Minimum reduziert werden. Für beide Maßnahmen benötigt man Eiswürfel, wie sie heute in jedem Kühlschrank produziert werden können. Bei der Eispackung werden Eiswürfel in kleine Stücke zerteilt, in einen Beutel oder in ein Handtuch gepackt und auf die verletzte Stelle gelegt. Die Eispackungen sollten im Wechsel von 10 Minuten durch einen strengen Druckverband ersetzt werden. Dieser Behandlungswechsel hält mindestens 1 Stunde an.
Die Bildung des Blutergusses kann bis zum Beginn der Eisbehandlung auch durch einen strengen Druckverband gebremst werden. Unter allen Umständen sind hautrötende Einreibemittel und der Genuß von Alkohol zu vermeiden, da sie die Blutgefäße erweitern und die innere Blutung verstärken würden.
Bei der *Eisabreibung* wird die verletzte Stelle mit ganzen Eiswürfeln, ebenfalls über einen Zeitraum von mehreren Stunden behandelt. Die Unterkühlung der verletzten Stelle auf 0°C bewirkt, wie gesagt, einen erstaunlich schnellen Heilungsprozeß.

Fango-Packungen
Nach etwa 24 bis 48 Stunden, wenn die verletzte Stelle normale Körpertemperatur aufweist, können Prellungen und Zerrungen und die damit verbundenen Blutergüsse mit Wärme behandelt werden. Eine besondere Tiefenwirkung wird durch Fango-Packungen, die in Apotheken zu kaufen sind, erzielt. Der dunkle zähe Brei aus in Paraffin zermahlenem vulkanischen Gestein wird auf ca. 50–60 °C erhitzt, in Plastikfolie gepackt und so warm wie es zu ertragen ist der verletzten Stelle angelegt. Die Packung selbst wird durch wärmespeichernde Betttücher abgedeckt. Die Behandlung dauert ca. 20 bis 30 Minuten und kann mit etwas Geschick auch vom Verletzten selbst durchgeführt werden.

Massage
Durch **Streichen, Kneten, Walken, Reiben** und **Schütteln** kann der Heilungsprozeß unterstützt werden. In der Regel werden diese klassischen Massagegriffe nur von einem gelernten Masseur zum richtigen Zeitpunkt und in der richtigen Art und Weise eingesetzt. Erfahrene Sportler können die klassischen Massagegriffe aber auch selbst anwenden und damit den Heilungsprozeß beschleunigen. Die **Lymphgefäßmassage**, bei der durch Pumpbewegungen in einem bestimmten Rhythmus der Abfluß der Lymphflüssigkeit aus dem verletzten Gebiet auf schmerzlose und beruhigende Art zu einem sehr frühen Zeitpunkt erreicht wird, sollte man dem Masseur überlassen. Das gleiche gilt zwangsläufig für die **Unterwassermassage**. Dabei wird mit einem mehr oder weniger dicken Wasserstrahl unter einem Druck von etwa 2,5 atü behandelt.

Sonstige Behandlungsmethoden
Dem Physiotherapeuten sind eine Reihe weiterer Behandlungsmöglichkeiten vorbehalten. Mit der **Saugwellenmassage** wird unter einer Glocke ein Vakuum gebildet und dadurch das Gewebe »gelüftet«. Die daraus resultierende Durchblutungs- und Stoffwechselsteigerung beschleunigt die Heilung bei Kapselzerrungen, Verstauchungen, Prellungen, Muskelrissen usw. Die Behandlung durch **Reizstrom und Ultraschall** zählt zu den modernsten Methoden. Durch sie werden ganz überraschend schnelle Heilerfolge erzielt.

Bewegungstherapie
Alle vorstehend beschriebenen Maßnahmen können durch den Patienten selbst nachdrücklich unterstützt werden. Von dem Zeitpunkt ab, da er den verletzten Körperteil wieder bewegen kann, sollte er sofort mit Bewegungsübungen beginnen. Schwimmen, Radfahren, Laufen und gymnastische Übungen jeweils bis an die

Schmerzgrenze beschleunigen den Abtransport von zerstörten Gewebeteilen, erhöhen die Durchblutung und damit das Heranführen heilsamer Stoffwechselprodukte und verhindern nicht zuletzt, daß sich die Muskulatur verhärtet und zurückbildet. Durch diese, wie gesagt, an der Schmerzgrenze liegenden Bewegungsübungen kann der Patient entscheidend zur raschen Heilung seiner Verletzung mit beitragen. Diese Eigentherapie sollte natürlich mit dem Arzt oder dem Masseur abgesprochen werden.

Muskelzerrung
Bei ungenügendem Aufwärmen, schlecht ausgeheilten Muskelverletzungen, nach Übersäuerung einzelner Muskelgruppen durch Überbelastung oder bei Salzverlust durch starkes Schwitzen verspürt der Spieler anfangs erst ein leichtes Ziehen im Muskel. Dieses Symptom verstärkt sich bei einem Spurt, einer Richtungsänderung, einem Schuß oder einem Ausfallschritt plötzlich zu einem stechenden Schmerz. Einzelne Muskelbündel werden über die Elastizitätsgrenze hinaus überdehnt, ohne daß eine innere Blutung entsteht. Bei weiterer Belastung ist die Gefahr des Muskelrisses groß.

Erstversorgung
Sofort beim ersten ziehenden Schmerz das Spiel unterbrechen und durch Streichungen und lokkernde Massagegriffe die Verspannung in der Muskulatur zu lösen versuchen. Vorsorglich einen Stützverband aus Elastoplast oder einen sog. Tape-Verband anlegen. Verstärken sich die Schmerzen, das Spiel ganz abbrechen.

Weiterbehandlung
Zuerst Eisabreibungen, nach ca. 2–3 Stunden feuchte Wärmewickel, nach 24 Stunden bereits manuelle Massage und Elektrotherapie. Frühzeitig Bewegungstherapie bis zur Schmerzgrenze; dabei stützende Bandage anlegen.

Muskelriß
Verstärken sich die Belastungen über die der Muskelzerrung hinaus, können einzelne Muskelbündel reißen. Stichartige Schmerzen, die oft bis zur Bewegungsunfähigkeit des verletzten Körperteiles führen, weisen auf einen Muskelriß hin. Die verletzte Stelle ist oft weich und matschig, häufig wird nach einigen Stunden unter der Haut eine Eindellung sicht- und tastbar. Immer ist mit dem Muskelriß die Bildung eines starken Blutergusses verbunden.

Erstversorgung
Bis zu 1 Stunde mit Eis kühlen und komprimierenden Verband anlegen.

Weiterbehandlung
Erst nach 24 Stunden, dann aber möglichst täglich Eismassagen

oder kalte Wirbelbäder (10 Minuten); leichte Lymphgefäßmassage, Ultraschall- und Reizstrombehandlung. Ab dem 3. und 4. Tag isometrische Anspannungsübungen, erst ab dem 8. Tag leichtes Lauftraining.

Gelenkverstauchungen
Die gelenkbildenden Knochenteile werden durch gewaltsame äußere Einwirkung verdreht, verschoben oder aufgeklappt; sie schnellen aber sofort wieder in ihre ursprüngliche Lage zurück. Dabei können je nach Schwere und Ort der Verletzung der Kapselbandapparat, Sehnen und Muskeln, Blut- und Lymphgefäße sowie knorpelige und knöcherne Teile verletzt werden. Der starke Schmerz geht meist einher mit einer starken Schwellung und Blutergußbildung. Beides führt zur vorübergehenden Funktionsuntüchtigkeit des Gelenkes.

Erstversorgung
Jede weitere Belastung des Gelenkes vermeiden, den verletzten Körperteil hochlagern, sofort durch Eiskühlung und Kompressionsverband die Bildung eines Blutergusses einschränken.

Weiterbehandlung
Den Arzt zum Röntgen aufsuchen, weiterhin Ruhigstellung, um innere Nachblutungen zu verhindern, dieses Bemühen durch Eismassagen unterstützen. Zum Abtransport beschädigter Gewebeteile angrenzende Muskulatur durch Masseur manuell behandeln lassen. Später Reizstrom-, Ultraschall- und Saugwellenbehandlung. Bewegungstherapie erst dann, wenn der verletzte Körperteil in Ruhe wieder schmerzfrei ist, Bewegungsumfang und -intensität **langsam** steigern.

Bänderzerrung
Die sehnigen Verbindungen zweier knöcherner Teile eines Gelenkes (z. B. die Innen- und Außenbänder am Kniegelenk, die Seitenbänder am Sprunggelenk) können ähnlich wie die Muskulatur überdehnt und dabei gezerrt werden. Die Bänderzerrung ist mit heftigen Schmerzen am Bandansatz, mit Funktionseinschränkung, und im Gegensatz zur Muskelzerrung, mit starker Schwellung verbunden.

Erstversorgung
Kühlung durch Eisbeutel.

Weiterbehandlung
Bei starken Zerrungen muß das Gelenk mit einem Gipsverband mindestens 14 Tage ruhiggestellt werden; Stützverbände reichen dazu nicht aus. Bei einfacheren Zerrungen Behandlung durch feuchte Wärme, Fango-Packung, Heißluft mit feuchtem Wickel oder auch Kontrasttherapie »Wärme/Eis«. Später auch Elektro-, Saugwellen- und Ultraschallbehand-

lung. Massage nur im angrenzenden Muskelbereich. Bewegungstherapie in mäßigem Umfang, anfangs nur isometrische Übungen zur Kräftigung der den Bandapparat unterstützenden Muskulatur.

Meniskusverletzung
Der Meniskus besteht aus einer trichter- und einer halbmondförmigen Knorpelscheibe. Die beiden Scheiben haben die Aufgabe, die Ungleichmäßigkeiten der gelenkbildenden Knochenteile des Kniegelenks auszugleichen. Verletzungen der Menisken entstehen meist dann, wenn das Kniegelenk bei fixierter Fußsohle gebeugt oder gestreckt und gleichzeitig verdreht wird. Meniskusverletzungen müssen immer vom Arzt behandelt werden, in schwereren Fällen sind sie nur operativ zu beheben.

Kennzeichen
Spieler und Trainer müssen deshalb die nachfolgenden *Symptome der Meniskusverletzung* kennen:

- Gelenksperre, d. h. das Beugen und Strecken des Beines ist nicht möglich.
- Der Spieler kann auf dem verletzten Bein weder stehen noch gehen.
- Plötzliche stechende Schmerzen beim Schlagen des Balles, insbesondere auch beim Innenseitstoß.
- Stechender Schmerz bei seitlichen Körperdrehungen.

Achillessehnenverletzung
Die Achillessehne kann akut verletzt oder chronisch überlastet sein und dadurch erhebliche Schmerzen verursachen. So kann das Gleitgewebe, das ist die Sehnenscheide oder die Sehne selbst, gereizt und entzündet sein. Bei chronischer Überlastung kann die Sehne schließlich ein- oder sogar ganz abreißen.
Ursachen der Achillessehnenreizung sind häufig Fußdeformationen, z. B. ein zu kurzes Bein oder ein Hohlfuß, falsches Schuhwerk oder chronische Überlastung.

Erstversorgung
Die an der Achillessehne ansetzende Muskulatur muß durch Erhöhen des Schuhwerks entlastet werden.

Weiterbehandlung
Abreibungen mit Eis, auch Wechsel von Wärme- und Eisbehandlung als Schocktherapie.
Nach der Eisbehandlung Dehnung der Achillessehne und manuelle Massage der angrenzenden Wadenmuskulatur durch den Masseur. Zusätzlich Ultraschall- und Saugwellenbehandlung.

Erste Hilfe – Ausrüstung

Um die auf den vorausgehenden Seiten genannten Maßnahmen der Erstversorgung und der Weiterbehandlung durchführen zu können, ist eine mehr oder weniger umfangreiche Erste-Hilfe-Ausrüstung nötig. Dabei ist zu unterscheiden zwischen einer Mindestausrüstung, die Spieler und Betreuer stets bei sich haben, und der Spezialausrüstung, die geschulte Masseure in großen Erste-Hilfe-Koffern, die von großen Sportartikelfirmen hergestellt werden, mit sich führen.

Ausrüstung für den Spieler

1 Idealbandage 6 cm breit,
1 elastische Klebebinde, 8 cm breit,
1 Rolle Leukoplast 5 m × 2 ½ cm,
1 kleines Fläschchen Massageöl,
im Sommer 1 Flasche Pinalkol – Franzbranntwein für kühlende Einreibungen;
Fußspray zur Vorbeugung gegen Pilzerkrankungen, die in allen Umkleideräumen üppig wuchern.
Eventuell Knie- oder Knöchelbandagestrümpfe bei chronischen Gelenkschäden oder nach akuten Verletzungen.

Zusätzliche Ausrüstung für den Betreuer/Trainer

Mullbinden, Verbandwatte, Verbandmull, Hansaplast in unterschiedlichen Breiten, blutstillende Watte, zusätzliche elastische Klebebinden, Septotinktur, Wundbenzin, verschiedene Salben wie Chomelanum, Heparin, Mobilat und ähnliches; schmerzstillende Tabletten.

Ausrüstung für den Masseur

Der gelernte Sportmasseur führt darüber hinaus eine Vielzahl weiterer Mittel mit, wenn er eine Mannschaft bei einem Wettkampf oder insbesondere bei einer Wettkampfreise begleitet. Der unten abgebildete Erste-Hilfe-Koffer zeigt eine kleine Auswahl aus dem reichhaltigen Sortiment eines Sportmasseurs. Dazu kommen stationäre Geräte für die verschiedensten physiotherapeutischen Maßnahmen.

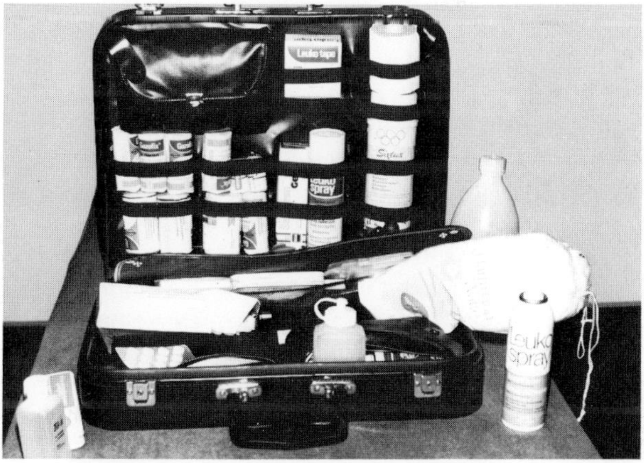

Ein Erste-Hilfe-Koffer, in dem alles verstaut ist, was zur Erstversorgung bei Fußballverletzungen nötig ist.

Fußball-Regeln

Die Geschichte des Fußballsportes läßt sich auch an der Entwicklung des Regelwerks ablesen. Das heutige Regelwerk umfaßt 17 Einzelregeln mit einer ganzen Reihe von Einzelbestimmungen.
Während das zur Zeit gültige Regelwerk, von einzelnen Ausnahmen abgesehen, schon seit Jahrzehnten Bestand hat, haben sich die Regeln in der Frühgeschichte des Fußballsports stürmisch entwickelt. Vieles, was heute jeder Fußballknirps weiß, ist erst im Laufe der Jahrzehnte entstanden; genauso viele Bestimmungen aber wurden verändert oder sind völlig aus dem Regelwerk verschwunden.
Die ersten Fußballregeln der Neuzeit wurden 1846 von Studenten der Universität Cambridge verfaßt. Danach durften in einer Mannschaft 15–20 Spieler mitwirken; erst 1870 wurde die Spielerzahl auf 11 beschränkt.
Als 1863 die Football Association gegründet wurde und man sich damit von dem härteren Rugby getrennt hatte, war das Handspiel noch erlaubt. Dafür wurde 1868 bestimmt, daß die Spieler Hosen tragen müssen, die über die Knie reichen, und den Kopf mit Quastenmützen bedecken. 1870 schließlich wurde das Handspiel für alle Spieler verboten, und erst 1871 wurde einem Torhüter die Abwehr mit den Händen gestattet. 1875 wurde die Querlatte erfunden; vordem war nur ein Stoffband angebracht gewesen. Erst 1889 erhält der Schiedsrichter die alleinige Entscheidungsbefugnis, vorher durfte er erst auf Reklamation eines Mannschaftsführers Regelverstöße ahnden. 1891 wird der Elfmeter als Strafstoß allgemein eingeführt. 1896 ist für den deutschen Fußball ein besonders denkwürdiges Jahr, denn in den Jenaer Regeln wird festgelegt, daß in Deutschland die Fußballfelder frei von Bäumen und Sträuchern sein müssen. Im Jahre 1903 wird das Handspiel des Torhüters auf den Strafraum beschränkt, vorher durfte er in der ganzen eigenen Spielfeldhälfte mit der Hand abwehren. Erst im Jahre 1904 wird die Bestimmung über die knielangen Hosen wieder aufgehoben. 1913 wird durch Einführung der 10-Yard-Regel (9,15 m) bestimmt, daß zwischen den zum Freistoß bereitgelegten Ball und den Abwehrspielern ein »gebührender Abstand« einzuhalten ist. Den Torhütern wird im Jahre 1921 ein dunkelgelber Pullover zur Unterscheidung von den Feldspielern vorgeschrieben. Im Jahre 1925 löst die heute noch in Regel 11 festgelegte Abseitsregel die bis dahin gültige Nottinghamer Abseitsregel ab. Diese hatte bestimmt, daß ein Angreifer drei (heute zwei) Gegenspieler zwischen sich und der gegnerischen Torlinie haben mußte.

Die Größe des Feldes und das Verhältnis zwischen Länge und Breite sind nicht exakt festgelegt. Die Länge kann zwischen 90 und 120 m, die Breite zwischen 45 und 90 m schwanken. Bezüglich des Verhältnisses von Länge und Breite heißt es im Regelwerk lediglich, das Spielfeld muß länger als breit sein. Dieser eigenartigen Gummiregel ist es zu verdanken, daß offizielle Fußballspielfelder auch dort errichtet werden können, wo die zur Verfügung stehende Spielfläche deutlich von den Normalmaßen (69 × 105 m) abweicht.

Fußball-Regeln

1951 paßt sich der Fußballsport dem Fernsehzeitalter an. Der Spielball darf jetzt weiß oder mehrfarbig sein. Im Jahre 1966 wird zuerst in England, später für den ganzen Bereich der FIFA erlaubt, daß zwei Spieler während des gesamten Spiels ausgewechselt werden dürfen und zwar auch dann, wenn sie nicht verletzt sind. Heute wird die Bewegungsfreiheit des Torhüters auf drei Schritte beschränkt, um das sogenannte »Zeitschinden« zu unterbinden. Sicher ist die Entwicklung des Regelwerkes auch heute noch nicht beendet, aber auf absehbare Zeit ist mit einer grundlegenden Veränderung der nachstehenden 17 Fußballregeln wohl kaum zu rechnen.

Die 17 Fußballregeln sind:

1. Das Spielfeld
2. Der Ball
3. Die Zahl der Spieler
4. Die Ausrüstung der Spieler
5. Der Schiedsrichter
6. Die Linienrichter
7. Die Dauer des Spiels
8. Der Spielbeginn
9. Der Ball in und aus dem Spiel
10. Wie ein Tor erzielt wird
11. Abseits
12. Verbotenes Spiel und unsportliches Betragen
13. Der Freistoß
14. Der Strafstoß
15. Der Einwurf
16. Der Abstoß
17. Der Eckstoß

Regel 1

Über die **Spielfeldausmaße,** d. h. die Länge der Seiten- und Torlinien, wurde bereits durch die Zeichnung auf Seite 99 und den dazugehörigen Text informiert. In jeder Spielfeldhälfte sind darüber hinaus Torräume, Strafräume und Eckräume eingezeichnet. Um den Mittelpunkt des Platzes ist ein Anstoßkreis mit einem Radius von 9,15 m gezogen. Alle Spielfeldbegrenzungen werden durch 12 cm breite Linien markiert, die vier Ecken des Spielfeldes zusätzlich durch eine Fahne von mindestens 1,50 m Höhe. Die Tore bestehen aus zwei senkrechten Pfosten und einer waagrechten Querlatte, die eckig oder rund sein können und einen Durchmesser von 10–12 cm haben müssen.

Regel 2

Der Spielball muß kugelförmig sein, einen Umfang von 68–71 cm und ein Gewicht von 396–453 g haben. Jugendbälle haben einen Umfang von 62–66 cm und ein Gewicht von 340–390 g.

Regel 3

Die Zahl der Spieler, die pro Mannschaft aktiv am Spiel teilnehmen, darf pro Mannschaft 11 nicht übersteigen; einer von ihnen ist der Torwart. Pro Spiel können regelmäßig 2 Spieler zu einem beliebigen Zeitpunkt ausgewechselt werden. Bei Freundschaftsspielen bis zu 5 Spielern. Der Tausch zwischen Torhüter und Feldspieler ist während einer Spielunterbrechung nach Anmeldung beim Linienrichter möglich.

Regel 4

Die Ausrüstung der Spieler muß alles vermeiden, was einen anderen Spieler gefährden könnte. Fußbekleidung ist nicht Pflicht. Leisten und Stollen können aus Leder, Gummi, Kunststoff und Aluminium sein; sie dürfen einen Durchmesser von 12,7 mm nicht unterschreiten und eine Höhe von 19 mm nicht überschreiten. Der Torhüter muß sich in seiner Kleidung von den Feldspielern abheben. Die Farbe Schwarz ist dem Schiedsrichter vorbehalten, d. h., auch der Torhüter darf keinen schwarzen Pullover mehr tragen.

Regel 5

Der Schiedsrichter hat den Spielregeln Geltung zu verschaffen und alle umstrittenen Punkte zu entscheiden; er hat insbesondere in allen Fällen von einer Strafe abzusehen, in denen er überzeugt ist, daß er dadurch der Mannschaft einen Vorteil verschaffen würde, die die Spielregeln verletzt; er hat sich Aufzeichnungen über den

Verlauf des Spiels zu machen, die Spielzeit zu kontrollieren und verlorengegangene Spielzeit nachspielen zu lassen.
Er hat die Macht, das Spiel jederzeit wegen eines Regelverstoßes, wegen schlechter Witterung, Störung durch Zuschauer oder aus anderen Gründen zu unterbrechen oder abzubrechen.
Von dem Augenblick an, da er das Spielfeld betritt, hat er das Recht, einen Spieler wegen ungebührlichen oder unsportlichen Betragens zu verwarnen und im Wiederholungsfalle von der weiteren Teilnahme am Spiel auszuschließen.
Er darf alle anderen Personen, ausgenommen Spieler und Linienrichter, am Betreten des Spielfeldes hindern.
Er hat das Spiel zu unterbrechen, wenn nach seiner Meinung ein Spieler ernstlich verletzt ist.
Er hat jeden Spieler vom Spielfeld zu verweisen, der sich seiner Meinung nach einer Tätlichkeit, eines schweren Foulspiels oder beleidigender Äußerungen schuldig gemacht hat.
Er gibt nach jeder Unterbrechung das Zeichen für die Fortsetzung des Spiels.
Er entscheidet, ob der Spielball regelgerecht und das Spielfeld bespielbar ist.
Dem Schiedsrichter und den beiden Linienrichtern ist für die Jakken und Hemden die Farbe schwarz vorbehalten.

Regel 6

Die Linienrichter haben anzuzeigen, wann der Ball aus dem Spiel ist und welche Mannschaft zum Eckstoß, Abstoß oder Einwurf berechtigt ist. Sie helfen dem Schiedsrichter, das Spiel in Übereinstimmung mit den Regeln zu leiten. Der Schiedsrichter kann einen Linienrichter, der seiner Aufgabe nicht gerecht wird, seines Amtes entheben und einen Ersatzmann bestimmen.

Regel 7

Die Dauer des Spieles: Das Spiel besteht, wenn nichts anderes vereinbart worden ist, aus 2 Spielhälften von je 45 Minuten Dauer. Verlorengegangene Spielzeit muß in der jeweiligen Spielzeithälfte nachgeholt werden.
Die Spielzeit bei Jugendmannschaften verkürzt sich von der A- bis zur E-Jugend pro Spielzeithälfte jeweils um 5 Minuten. Die Halbzeitpause soll 5 Minuten nicht überschreiten, außer mit Zustimmung des Schiedsrichters.
Bei Entscheidungs- oder Pokalspielen wird das Spiel nach kurzer Pause um 2 mal 15 Minuten verlängert, wenn in der normalen Spielzeit keine Entscheidung gefallen ist.
Ist auch dann noch keine Entscheidung gefallen, kommt es zum Elfmeterschießen.

Regel 8

Der Spielbeginn wird vom Schiedsrichter durch ein Zeichen bekanntgegeben; zum Spielbeginn wird der Anstoß, bei dem ein Spieler den Ball vom Mittelpunkt des Spielfeldes in die gegnerische Spielfeldhälfte stößt, durchgeführt. Vor Beginn des Spiels wird mit einer Münze um die Spielfeldhälften oder um den Anstoß gelost. Wer das Los gewinnt, kann zwischen Spielfeldhälfte oder Anstoß wählen. Beim Anstoß ist der Ball erst dann im Spiel, wenn er eine seinem Umfang entsprechende Strecke zurückgelegt hat. Aus einem Anstoß kann ein Tor nicht direkt erzielt werden.
Nach einem Torerfolg ist das Spiel in gleicher Weise durch einen Spieler der Mannschaft, gegen die das Tor erzielt worden ist, wieder aufzunehmen. Ebenso nach der Halbzeit, wobei der Anstoß von einem Spieler der Mannschaft ausgeführt wird, die zu Beginn des Spiels den Anstoß nicht hatte.

Regel 9

1. **Der Ball ist aus dem Spiel,** wenn er auf dem Boden oder in der Luft die Tor- oder Seitenlinie ganz überquert hat oder wenn der Schiedsrichter das Spiel unterbrochen hat.
2. **Der Ball ist** zu allen anderen Zeiten **im Spiel,** auch dann, wenn er vom Torpfosten, der Querlatte, der Eckfahne oder von einem Schieds- oder Linienrichter ins Spielfeld zurückprallt.

Regel 10

Ein Tor ist erzielt, wenn der regelgerecht gespielte Ball die Torlinie zwischen den Torpfosten und unter der Querlatte vollständig, d. h. mit seinem vollen Durchmesser überquert hat.
Die Mannschaft, die in einem Spiel die meisten Tore erzielt hat, hat gewonnen. Wenn kein Tor erzielt wurde, oder wenn beide Mannschaften die gleiche Anzahl von Toren erzielt haben, gilt das Spiel als »Unentschieden«.

Regel 11

Ein Spieler ist abseits, wenn er im Augenblick, in dem der Ball gespielt wird, näher der gegnerischen Torlinie ist als der Ball. Folgende 4 Fälle sind ausgenommen:

- Der Spieler befindet sich in seiner eigenen Spielfeldhälfte.
- Zwei Spieler der gegnerischen Mannschaft sind ihrer Torlinie näher als der Angreifer.
- Der Ball wurde zuletzt von einem Gegner berührt oder gespielt.
- Der Ball kommt direkt von einem Eckstoß, Abstoß, Einwurf oder Schiedsrichterball.

Verstöße gegen diese Regel werden mit indirektem Freistoß geahndet. Die Abseitsposition als solches soll nicht bestraft werden, wenn nach Ansicht des Schiedsrichters der Spieler nicht auf das Spiel oder einen Gegner störend einwirkt, d. h., wenn er aus seiner Abseitsstellung keinen Vorteil ziehen kann. Die Skizze auf Seite 104 zeigt die beiden Grundpositionen, die durch die Abseitsregel bestimmt werden. In den nachfolgenden Skizzen und dem zugehörigen Textteil werden spezielle Situationen behandelt, bei denen die Abseitsregelung immer wieder umstritten ist.

Im Augenblick der Ballabgabe befindet sich Spieler A 2 in Abseitsposition, Spieler A 3, der sich auf gleicher Höhe mit dem vorletzten Verteidiger befindet, ebenfalls, während Angreifer A 4 nicht im Abseits steht.

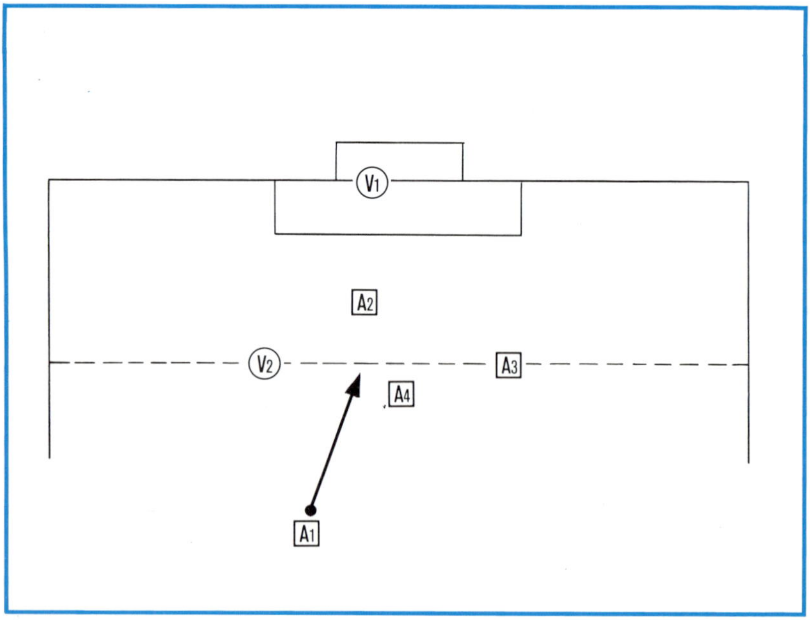

A 2 ist nicht im Abseits!
Im Augenblick, als A 1 den Ball abgespielt hat, war er nicht näher der gegnerischen Torlinie als der Ball. Wäre A 2 bei Abgabe des Balles durch A 1 schon in der Position A 2′, dann wäre er abseits.

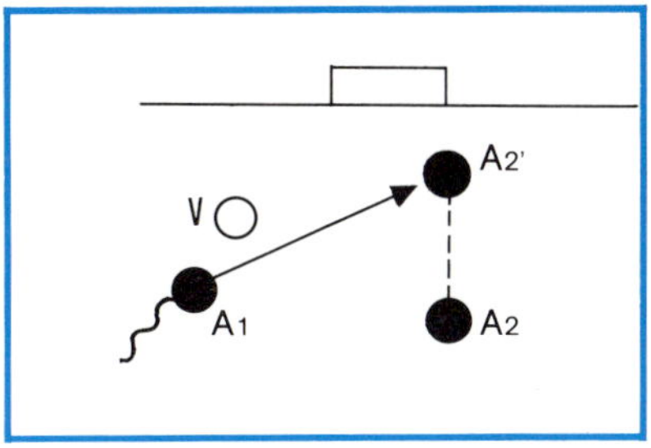

A 2 ist nicht im Abseits!
Da A 1 mit dem Abspiel wartet, bis A 2 nach Position A 2′ zurückgelaufen ist, wird die ursprüngliche Abseitsposition von A 2 nicht geahndet.

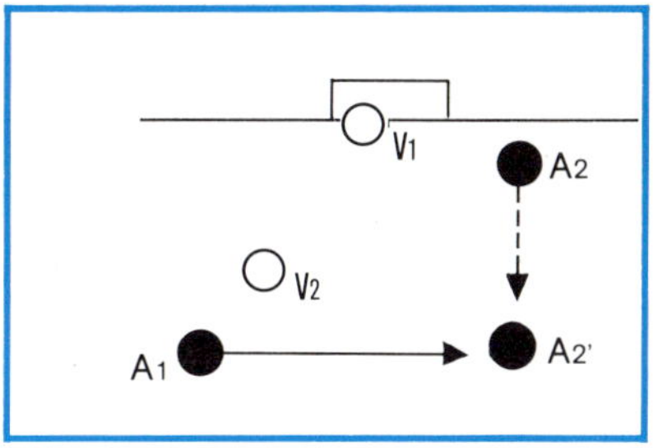

A 2 ist nicht im Abseits!
A 1 schießt aufs Tor, zu diesem Zeitpunkt befindet sich A 2 noch nicht in Abseitsposition. Nach dem Schuß von A 1 läuft A 2 auf die Abseitsposition A 2′, dorthin prallt der Schuß von V 1 ab. Kein Abseits, da der Ball zuletzt vom Gegner gespielt wurde und A 2 beim Schuß noch nicht in Abseitsposition war.

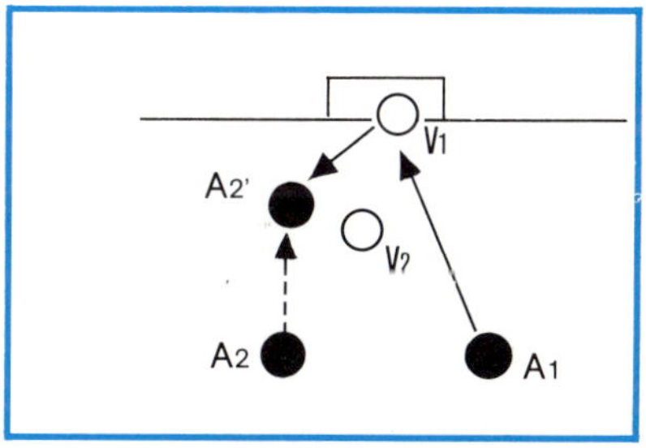

A 2 ist nicht im Abseits!
Beim Eckstoß selbst wird die Abseitsposition nicht geahndet. Der nächste Ballkontakt geschieht durch den gegnerischen V 2, d. h. der Ball kommt vom Gegner, so daß auch hier die Abseitsposition von A 2 nicht geahndet wird.

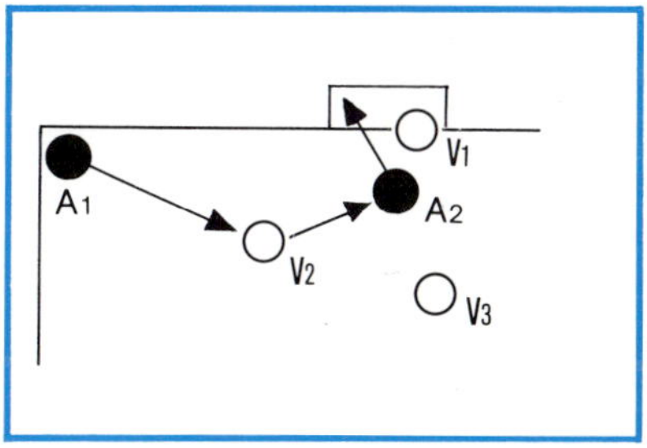

Regel 12

Die Regel 12 legt fest, was **verbotenes Spiel und unsportliches Betragen** ist; sie ist deshalb für die Praxis die wichtigste Regel. Danach gilt:
Ein Spieler wird durch einen direkten Freistoß bestraft, wenn er **absichtlich**

- einen Gegner tritt oder versucht, ihn zu treten
- einem Gegner das Bein stellt
- einen Gegner anspringt
- einen Gegner in heftiger oder gefährlicher Weise rempelt
- einen Gegner von hinten rempelt, ohne daß ihn dieser sperrt
- einen Gegner schlägt oder versucht, ihn zu schlagen
- einen Gegner hält
- einen Gegner stößt
- den Ball mit der Hand spielt (Ausnahme Torhüter im eigenen Strafraum)

Begeht ein Spieler der verteidigenden Mannschaft im eigenen Strafraum **absichtlich** einen der obengenannten Verstöße, so ist er durch Strafstoß zu ahnden; dies gilt unabhängig davon, wo sich der Ball im Moment der Attacke befindet.
Mit einem indirekten Freistoß wird ein Spieler bestraft, wenn er

- in gefährlicher Weise spielt
- unkorrekt rempelt, ohne daß der Ball in Spielnähe ist
- den Gegner sperrt, ohne den Ball spielen zu wollen
- den Torhüter rempelt, außer wenn dieser den Ball hält, oder einen Gegner hindert oder seinen Torraum verlassen hat
- der Torhüter mit dem Ball mehr als 4 Schritte macht, ohne ihn freizugeben
- der Torhüter nach Auffassung des Schiedsrichters das Spiel verzögert.

Kommentar
Die Regel 12 nennt neun Verstöße, die als »unfaires Spiel« gewertet werden. Voraussetzung dafür ist allerdings, daß sie absichtlich, d. h. fahrlässig oder aus mangelnder Voraussicht begangen werden.
Ein Beispiel mag dies erläutern: Punkt 9 der Regel 12 verbietet, daß der Ball mit der Hand oder dem Arm – wohlgemerkt: absichtlich! – angehalten, geworfen, getragen oder gestoßen wird. Nun das Beispiel: Ein Spieler fällt im eigenen Tor und stützt sich dabei instinktiv mit der Hand am Boden ab. In diesem Moment wird der Ball gegen seine Hand geschossen. Obwohl durch das Handspiel ein sicheres Tor vermieden wird, darf der Schiedsrichter nicht pfeifen, weil der Spieler **nicht absichtlich** gehandelt hat. Diese Entscheidung muß der Schiedsrichter in Bruchteilen von Sekunden treffen.
Das ist wahrlich ein schweres Amt, denn der Schiedsrichter muß ohne Hilfe von Zeitlupenaufnahmen entscheiden.

Zu Fall bringen
Obwohl der hineingrätschende Spieler versucht, den Ball zu erreichen, wird hier direkter Freistoß gepfiffen, weil das Standbein des Gegners eingeklemmt wird und er dadurch zu Fall kommt.

Anspringen und Stoßen
Der Stürmer springt gegen den Torhüter und stößt zusätzlich mit abgestrecktem Arm. Beide Verstöße werden mit direktem Freistoß geahndet.

Vom gefährlichen zum verbotenen Spiel
Das lange gestreckte Bein als solches würde noch als gefährliches Spiel gelten. Da es hier aber sicher zu einem körperlichen Kontakt kommt, wird die Spielweise zum verbotenen Spiel und mit direktem Freistoß bestraft.

Vorteil
Der hineinrutschende Spieler hat zwar versucht, den Gegner zu Fall zu bringen, er kommt aber zu spät, Gegner und Ball sind bereits vorbei. Der Schiedsrichter wendet die Vorteilsbestimmung an und läßt das Spiel weiterlaufen.

Regel 13

Der **Freistoß** kann in zwei Varianten vom Schiedsrichter verhängt werden:

- Als direkter Freistoß – daraus kann direkt ein Tor erzielt werden, ohne daß ein anderer Spieler den Ball noch berühren muß.
- Als indirekter Freistoß – daraus kann ein Tor nur erzielt werden, wenn der Ball von einem zweiten Spieler berührt wird.

Bei Ausführung eines Freistoßes darf kein Spieler der gegnerischen Mannschaft näher als 9,15 m an den Ball herantreten – ausgenommen, er steht auf seiner eigenen Torlinie, wenn ein indirekter Freistoß im Strafraum ausgeführt wird.
Bei Ausführung des Freistoßes muß der Ball ruhen; er ist erst im Spiel, wenn er eine seinem Umfang entsprechende Wegstrecke zurückgelegt hat. Der Spieler, der den Freistoß ausführt, darf den Ball erst wieder berühren, nachdem ihn ein anderer Spieler gespielt hat. Verstöße gegen diese Bestimmungen werden mit indirektem Freistoß geahndet.
Wenn sich Spieler, bevor der Freistoß ausgeführt ist, dem Ball auf weniger als 9,15 m nähern, soll der Schiedsrichter die Ausführung des Freistoßes verzögern, bis die Bestimmungen der Regel eingehalten werden.
Befolgt ein Spieler die Zurückweisung nicht, kann er verwarnt werden.

Regel 14

Als **Strafstoß** werden direkte Freistöße ausgeführt, wenn das Vergehen im Strafraum erfolgt ist. Bei seiner Ausführung müssen alle Spieler mit Ausnahme des den Strafstoß ausführenden Spielers und des gegnerischen Torwarts innerhalb des Spielfeldes, aber außerhalb des Strafraumes und mindestens 9,15 m von der Strafstoßmarke entfernt sein; und zwar so lange, bis der Ball eine Umdrehung zurückgelegt hat.
Der Torhüter muß auf seiner Torlinie zwischen den Torpfosten stehen, bis der Ball gestoßen ist. Der Ball muß nach vorne gespielt werden. Durch Strafstoß kann ein Tor direkt erzielt werden. Die Abseitsregel ist beim Strafstoß nicht aufgehoben, deshalb sollten sich alle Angreifer hinter dem Ball postieren.

Regel 15

Einwurf wird erteilt, wenn der Ball, sei es am Boden oder in der Luft, vollständig die Seitenlinie überquert hat. Der Einwurf wird der Mannschaft zugesprochen, die den Ball nicht zuletzt berührt hat. Der einwerfende Spieler muß im Augenblick des Einwurfes das Gesicht dem Spielfeld zuwenden und mit einem Teil eines jeden Fußes auf oder außerhalb der Seitenlinie stehen.

Der Einwurf muß mit beiden Händen über den Kopf ausgeführt werden. Der einwerfende Spieler darf den Ball nicht spielen, bevor ihn nicht ein anderer Spieler berührt hat. Ein Tor kann aus einem Einwurf nicht direkt erzielt werden. Bei falsch ausgeführtem Einwurf erhält die gegnerische Partei einen Einwurf zuerkannt.
Wichtig: Im Moment der Ausführung des Einwurfes hat die Abseitsregel keine Geltung. Dies kann zu überraschenden Angriffsaktionen genützt werden.

Regel 16

Abstoß wird gegeben, wenn der Ball in der Luft oder am Boden neben dem Tor vollständig über die Torlinie geht und wenn er zuletzt von einem Spieler der angreifenden Mannschaft berührt wurde. Beim Abstoß ist der Ball im Spiel, wenn er den Strafraum verläßt. Tut er dies nicht, muß der Abstoß wiederholt werden. Aus einem Abstoß kann ein Tor nicht direkt erzielt werden. Bei Ausführung des Abstoßes müssen sich die gegnerischen Spieler außerhalb des Strafraumes befinden. Der Spieler, der den Abstoß ausführt, darf den Ball erst wieder spielen, wenn ihn ein anderer Spieler berührt hat.
Der Abstoß wird vom Boden des Torraumes aus ausgeführt; der Torhüter darf nicht aus den Händen abschlagen.

Regel 17

Eckstoß wird erteilt, wenn der Ball in der Luft oder am Boden neben dem Tor vollständig über die Torlinie geht und dabei zuletzt von einem Spieler der verteidigenden Mannschaft berührt wird. Der Eckstoß ist von innerhalb des Viertelkreises auf den ruhenden Ball auszuführen und zwar auf der Seite des Tores, auf der der Ball ins Toraus gegangen ist. Die Eckfahne darf bei Ausführung des Eckstoßes nicht entfernt werden, gegnerische Spieler müssen so lange 9,15 m vom Ball entfernt bleiben, bis der Eckstoß ausgeführt ist. Der den Eckstoß ausführende Spieler darf den Ball erst wieder spielen, wenn ihn ein anderer Spieler berührt hat. Aus einem Eckstoß kann direkt ein Tor erzielt werden.

WORLD CUP
DEUTSCHER
BUND

Die großen Sieger

Weltmeisterschaft

1930 in Uruguay: Uruguay
1934 in Italien: Italien
1938 in Frankreich: Italien
1950 in Brasilien: Uruguay
1954 in der Schweiz: Deutschland
1958 in Schweden: Brasilien
1962 in Chile: Brasilien
1966 in England: England
1970 in Mexiko: Brasilien
1974 in Deutschland: Deutschland
1978 in Argentinien: Argentinien
1982 in Spanien: Italien

Olympische Spiele

1900 in Paris: England
1906 in Athen: Dänemark
1908 in London: England
1912 in Stockholm: England
1920 in Antwerpen: Belgien
1924 in Paris: Uruguay
1928 in Amsterdam: Uruguay
1936 in Berlin: Italien
1948 in London: Schweden
1952 in Helsinki: Ungarn
1956 in Melbourne: Sowjetunion
1960 in Rom: Jugoslawien
1964 in Tokio: Ungarn
1968 in Mexiko: Ungarn
1972 in München: Polen
1976 in Montreal: DDR
1980 in Moskau: Tschechoslowakei

Europameisterschaft der Länder

1960 Sowjetunion
1964 Spanien
1968 Italien
1972 Deutschland
1976 Tschechoslowakei
1980 Deutschland

Europapokal der Landesmeister

1956 Real Madrid
1957 Real Madrid
1958 Real Madrid
1959 Real Madrid
1960 Real Madrid
1961 Benfica Lissabon
1962 Benfica Lissabon
1963 AC Mailand
1964 Inter Mailand
1965 Inter Mailand
1966 Real Madrid
1967 Celtic Glasgow
1968 Manchester United
1969 AC Mailand
1970 Feyen. Rotterdam
1971 Ajax Amsterdam
1972 Ajax Amsterdam
1973 Ajax Amsterdam
1974 Bayern München
1975 Bayern München
1976 Bayern München
1977 FC Liverpool
1978 FC Liverpool
1979 Nottingham Forest
1980 Nottingham Forest

Die großen Sieger

Europapokal der Landesmeister – Fortsetzung

1981 FC Liverpool
1982 Aston Villa

Europapokal der Pokalsieger

1961 FC Florenz
1962 Atletico Madrid
1963 Tottenham Hotspur
1964 Sporting Lissabon
1965 West Ham London
1966 Borussia Dortmund
1967 FC Bayern München
1968 AC Mailand
1969 Slovan Pressburg
1970 Manchester City
1971 Chelsea London
1972 Glasgow Rangers
1973 AC Mailand
1974 1. FC Magdeburg
1975 Dynamo Kiew
1976 RSC Anderlecht
1977 Hamburger SV
1978 RSC Anderlecht
1979 FC Barcelona
1980 FC Valencia
1981 Dynamo Tiflis
1982 FC Barcelona

Deutsche Meister

1903 VfB Leipzig
1905 Union 92 Berlin
1906 VfB Leipzig
1907 Freiburger FC
1908 Viktoria Berlin
1909 Phönix Karlsruhe
1910 Karlsruher FV
1911 Viktoria Berlin
1912 Holstein Kiel
1913 VfB Leipzig
1914 SpVgg Fürth
1920 1. FC Nürnberg
1921 1. FC Nürnberg
1922 kein Meister
1923 Hamburger SV
1924 1. FC Nürnberg
1925 1. FC Nürnberg
1926 SpVgg Fürth
1927 1. FC Nürnberg
1928 Hamburger SV
1929 SpVgg Fürth
1930 Hertha BSC Berlin
1931 Hertha BSC Berlin
1932 Bayern München
1933 Fortuna Düsseldorf
1934 FC Schalke 04
1935 FC Schalke 04
1936 1. FC Nürnberg
1937 FC Schalke 04
1938 Hannover 96
1939 FC Schalke 04
1940 FC Schalke 04
1941 Rapid Wien
1942 FC Schalke 04
1943 Dresdner SC
1944 Dresdner SC
1948 1. FC Nürnberg
1949 VfR Mannheim

Die großen Sieger

1950	VfB Stuttgart
1951	1. FC Kaiserslautern
1952	VfB Stuttgart
1953	1. FC Kaiserslautern
1954	Hannover 96
1955	Rot-Weiß Essen
1956	Borussia Dortmund
1957	Borussia Dortmund
1958	FC Schalke 04
1959	Eintracht Frankfurt
1960	Hamburger SV
1961	1. FC Nürnberg
1962	1. FC Köln
1963	Borussia Dortmund
1964	1. FC Köln
1965	Werder Bremen
1966	TSV 1860 München
1967	Eintracht Braunschweig
1968	1. FC Nürnberg
1969	FC Bayern München
1970	Borussia Mönchengladb.
1971	Borussia Mönchengladb.
1972	FC Bayern München
1973	FC Bayern München
1974	FC Bayern München
1975	Borussia Mönchengladb.
1976	Borussia Mönchengladb.
1977	Borussia Mönchengladb.
1978	1. FC Köln
1979	Hamburger SV
1980	FC Bayern München
1981	FC Bayern München
1982	Hamburger SV

Deutsche Pokal-Meister

1935	1. FC Nürnberg
1936	VfB Leipzig
1937	FC Schalke 04
1938	Rapid Wien
1939	1. FC Nürnberg
1940	Dresdner Sport-Club
1941	Dresdner Sport-Club
1942	TSV 1860 München
1943	Vienna Wien
1953	Rot-Weiß Essen
1954	VfB Stuttgart
1955	Karlsruher Sport-Club
1956	Karlsruher Sport-Club
1957	FC Bayern München
1958	VfB Stuttgart
1959	ETB Schwarz-Weiß Essen
1960	Borussia Mönchengladbach
1961	SV Werder Bremen
1962	1. FC Nürnberg
1963	Hamburger SV
1964	TSV 1860 München
1965	Borussia Dortmund
1966	FC Bayern München
1967	FC Bayern München
1968	1. FC Köln
1969	FC Bayern München
1970	Kickers Offenbach
1971	FC Bayern München
1972	FC Schalke 04
1973	Borussia Mönchengladbach
1974	Eintracht Frankfurt
1975	Eintracht Frankfurt
1976	Hamburger SV
1977	Eintracht Frankfurt
1978	1. FC Köln
1979	1. FC Köln
1980	Fortuna Düsseldorf
1981	Eintracht Frankfurt
1982	FC Bayern München

Die großen Sieger

Deutsche Amateur-Meister

1951	TSV Bremen 1860
1952	VfR Schwenningen
1953	SV B.-Gladbach 09
1954	TSV Marl-Hüls
1955	Sportfreunde Siegen
1956	SpVgg Neu-Isenburg
1957	VfL Benrath
1958	FV Hombruch 09
1959	FC Singen 04
1960	Hannover 96
1961	KSV Holstein Kiel
1962	SC Tegel Berlin
1963	VfB Stuttgart
1964	Hannover 96
1965	Hannover 96
1966	SV Werder Bremen
1967	STV Horst-Emscher
1968	Marathon Remscheid
1969	SC Jülich 1910
1970	SC Jülich 1910
1971	SC Jülich 1910
1972	FSV Frankfurt
1973	SpVgg Bad Homburg
1974	SSV Reutlingen
1975	VfR Oli Bürstadt
1976	SV Holzwickede
1977	Fortuna Düsseldorf
1978	SV Sandhausen
1979	ESV Ingolstadt
1980	VfB Stuttgart
1981	1. FC Köln
1982	Mainz 05

Deutsche Damen-Meister

1974	TUS Wörrstadt
1975	Bonner SC
1976	Bayern München
1977	SSG Bergisch Gladbach
1978	SC Bad Neuenahr
1979	SSG Bergisch Gladbach
1980	SSG Bergisch Gladbach
1981	SSG Bergisch Gladbach
1982	SSG Bergisch Gladbach

Deutsche A-Jugend-Meister

1969	Vfl Bochum
1970	Hertha Zehlendorf
1971	1. FC Köln
1972	MSV Duisburg
1973	VfB Stuttgart
1974	1. FC Nürnberg
1975	VfB Stuttgart
1976	FC Schalke 04
1977	MSV Duisburg
1978	MSV Duisburg
1979	Stuttgarter Kickers
1980	SV Waldhof Mannheim
1981	VfB Stuttgart
1982	Eintracht Frankfurt

Aufbau d. Weltfußballverbandes

Die hohen Mitgliedszahlen und die allwöchentlich ausgetragenen Freundschafts-, Punkt- und Pokalspiele bedingen ein vielfältig und straff organisiertes Verbandssystem. Das nachfolgende Schema zeigt, wie sich die verschiedenen Verbandsstrukturen pyramidenartig zusammensetzen und welche Aufgaben sie haben.

Der Welt-Fußballverband FIFA

Die »Fédération International de Football Association« richtet die Fußball-Weltmeisterschaften aus und organisiert das Fußball-Turnier bei den Olympischen Spielen. Sie erarbeitet und überwacht die internationalen Fußball-Regeln.

Der Europäische Fußballverband UEFA

Die »Union Européen de Football Association« überwacht als Unterabteilung des Welt-Fußballverbandes seit 1954 die Europapokalspiele und Europameisterschaften der Nationalverbände.

Der Deutsche Fußballbund DFB

Mitglieder sind die Regional- und Landesverbände. Der DFB organisiert die Bundesliga- und DFB-Pokalspiele sowie die Spiele um den Amateur-Länderpokal. Er vertritt den Fußball der BRD international.

Die Regionalverbände z. B. Süddeutscher Fußballverband

Mitglieder sind die Landesverbände.

Die Landesverbände z. B. Bayerischer Fußballverband

Mitglieder sind die einzelnen Fußballvereine, nicht Einzelpersonen. Die Landesverbände organisieren die Spiele der ersten und zweiten Amateurliga und Auswahlspiele.

Die Unterbezirke der Landesverbände z. B. Bezirk Obb. im BFV

Sie organisieren die Punkt- und Pokalspiele der Bezirksligavereine sowie Auswahlspiele.

Die Spielgruppen der Kreisklassen z. B. Kreisgruppe München

Sie organisieren die Jugend- und Seniorenspiele der C-, B- und A-Klassenvereine.

Beckenbauer, Franz

geb. 11. 9. 1945
Über ein Jahrzehnt lang Idealtyp des »Libero« und als solcher seit seinem 13. Lebensjahr beim FC Bayern München aktiv. Im Mai 1977 sensationeller Wechsel zu Cosmos New York. Deutscher Rekordnationalspieler mit 109 Berufungen. Er hat mit dem FC Bayern und mit der deutschen Nationalelf alle internationalen Titel erspielt, die im Fußball vergeben werden: Weltmeister 1974; Europameister 1972; Europacup-Sieger 1967, 1974, 1975, 1976; Europäischer Fußballspieler des Jahres 1972; Deutscher Meister 1969, 1972, 1973, 1974, 1982; DFB-Pokalsieger 1966, 1967, 1969, 1971; Fußballer des Jahres in Deutschland 1966, 1968, 1974, 1976.
1977, 1979 und 1980 wurde er mit Cosmos New York Meister der USA. Ab November 1980 wagte er mit 34 Jahren den vielbestaunten Sprung zurück in das harte Bundesligageschäft – und wurde mit dem Hamburger SV 1982 noch einmal Deutscher Meister. Mit dem Erlös aus seinem Abschiedsspiel am 1. Juni 1982 gründete er die »Franz-Beckenbauer-Stiftung« zugunsten behinderter Kinder. Seinen internationalen Abschied feierte der »deutsche Jahrhundertspieler« am 7. August 1982 in einem Spiel der Europa-Auswahl gegen eine Weltelf in New York.
Mit Auszeichnungen aller Art durch Verein, Verband, Staat und Sportpresse überhäuft, ist der Titel »Kaiser Franz«, der ihm von der deutschen Sportpresse verliehen wurde, für ihn wohl der bezeichnendste. Beckenbauer verfügte als Kapitän der deutschen Nationalmannschaft über eine bis dahin unbekannte Autorität bei den Spielern, er war – und ist – in Deutschland der absolute »Einnahmen-Spitzenreiter« unter den Profikikkern. Den Beinamen »Kaiser« verdiente er sich aber auch aufgrund seiner unnachahmlichen, eleganten Spielweise und vielleicht auch, weil er es im Gegensatz zu den meisten anderen Kollegen aus der Fußballbranche verstanden hat, sich auch außerhalb des Spielfeldes bei gesellschaftlichen Anlässen in Szene zu setzen.

Cajkovski, Zlatko

geb. 24. 11. 1923
Großartiger Regisseur der jugoslawischen Nationalmannschaft von 1946 bis 1955 mit 57 Einsätzen. Nach seiner Laufbahn als Spieler wurde »Tschik« (Zigaretten-Stummel), wie er scherzhaft genannt wurde, ein ebenso erfolgreicher Trainer. Er führte den 1. FC Köln und den FC Bayern München zur Deutschen Meisterschaft, wurde mit dem FC Bayern Europacup-Meister der Pokalsieger. 1977, nach vorübergehenden Mißerfol-

gen, führte er einen griechischen Verein zur Meisterschaft.

Charlton, Bobby

geb. 11. 10. 1937
Mit 106 Länderspielen der englische Rekordnationalspieler, der in seiner Popularität äußerstenfalls durch Sir Stanley Matthews übertroffen wurde. Von 1955 bis 1973 für Manchester United aktiv. Weltmeister 1966, Europacup-Sieger der Meister 1968, Englischer Meister 1957, 1965 und 1967; Cup-Sieger 1963, britischer und europäischer Fußballer des Jahres 1966.

Cramer, Dettmar

geb. 4. 4. 1925
In der großen Fußballwelt dank seiner Tätigkeit von 1967 bis 1974 als Trainer für den Weltfußballverband (FIFA) einer der bekanntesten deutschen Trainer. Nach seiner Tätigkeit als Cheftrainer des Westdeutschen Fußballverbandes von 1949 bis 1963 war er in 70 Ländern der Erde tätig, bevor er am 16. Januar 1975 zum FC Bayern München wechselte. Er übernahm den FC Bayern in einer Krisensituation und wurde mit ihm 1975 und 1976 hintereinander Europapokalsieger der Landesmeister. Aber auch Cramer, der wegen seiner geringen Körpergröße den Spitznamen »der laufende Meter« hat, mußte 1978 das harte Trainerlos der »Entlassung« verspüren, als der FC Bayern in Abstiegsnöte kam.
Nach einem gewinnbringenden Gastspiel im arabischen Tschidda und über einen Umweg bei einem griechischen Verein steht er ab 1982 mit Bayer Leverkusen wieder im Rampenlicht der Bundesliga.

Cruyff, Johan

geb. 25. 4. 1947
Hollands berühmtester Fußballlegionär, dessen fußballerisches Können gerade noch von seinem Finanzgenie übertroffen wird. Von 1963 bis 1973 der Star von Ajax Amsterdam, dann bis 1976 Spitzenverdiener bei FC Barcelona. Von 1967 bis 1976 46 Länderspiele für Holland, dabei zweiter in der Weltmeisterschaft 1974 und dritter bei der Europameisterschaft 1976. Mit Ajax Amsterdam Europacupsieger der Meister 1971, 1972, 1973 und Holländischer Meister 1966, 1967, 1968, 1970, 1972 und 1973. Mit Barcelona Spanischer Meister 1974. 1971 zum europäischen Fußballer des Jahres gewählt.

Didi

Waldyr Pereira
geb. 8. 10. 1928
Der großartige Regisseur der brasilianischen Nationalmannschaft, die 1958 und 1962 Weltmeister wurde. Von 1952 bis 1962 85 Einsätze in der Nationalmannschaft.

Bei Madureiro, Fluminense, Flamengo, Botafoga und Real Madrid als Profi tätig. Seinen taktischen Spürsinn konnte er auch 1970 als Trainer der Peruanischen Nationalmannschaft bei der WM in Mexiko beweisen, wo er den krassen Außenseiter bis ins Viertelfinale führte.

Eusebio

Eusebio da Silva Ferreira

geb. 25. 1. 1942

Zwischen 1965 und 1973 einer der besten Spieler der Welt, der bei der WM 1966 in England zum Torschützenkönig wurde und als Nachfolger von Pelé galt. Ein Spieler von ungeheurer Dynamik und Schußstärke, der seinen Verein Benfica Lissabon 1962 gegen Real Madrid im Endspiel um den Europapokal der Landesmeister zum Sieg führte. Leider hatte er es nicht verstanden, sich sein großartiges Können entsprechend honorieren zu lassen, so daß er noch 10 Jahre nach der WM 1966 als mäßig bezahlter Profi in Amerika seinen Unterhalt verdienen mußte.

Herberger, Sepp

geb. 28. 3. 1897, gest. 28. 4. 1977

Erfolgreicher Trainer der Deutschen Nationalmannschaft von 1936 bis 1964. Ein Trainer mit weltweit anerkanntem Fußballverstand und ausgeprägtem psychologischen Fingerspitzengefühl. Als Spieler bei Waldhof Mannheim und VfR Mannheim aktiv, wurde Herberger dreimal in die Nationalelf berufen. Gelernter Mechaniker, der in Abendkursen die Abschlußprüfung zum Diplom-Turn- und Sportlehrer mit »sehr gut« abgeschlossen hat. Große Erfolge vor dem 2. Weltkrieg mit der sog. Breslau-Elf.

Größter Erfolg für den »Chef«, wie ihn seine Spieler nannten, war der Sieg mit der Deutschen Nationalmannschaft bei der Fußballweltmeisterschaft 1954 in der Schweiz. Die deutsche Mannschaft schlug unter Herberger die damals als unschlagbar geltende Nationalmannschaft Ungarn mit 3 : 2 Toren.

Insgesamt hat Herberger die deutsche Nationalmannschaft in 172 Länderspielen betreut. In dieser Zeit hat sich Herberger sowohl als gewitzter und weltweit anerkannter Taktiker wie als hervorragender Menschen- und Mannschaftsführer erwiesen.

Noch lange nach seinem Abschied am 7. Juni 1964 als deutscher Bundestrainer wurde er als Fußballfachmann in alle Welt eingeladen. Seine Popularität als Sportler ist in Deutschland nur noch mit der von Max Schmeling zu vergleichen.

Herberger erhielt nahezu sämtliche Orden, die der deutsche Sport und die Bundesrepublik zu vergeben haben. Die Erinnerung an ihn lebt in der Sepp-Herberger-Stiftung des DFB weiter.

Herrera, Helenio

geb. 28. 5. 1916
In den 60er Jahren einer der berühmtesten und einkommensstärksten Trainer der Welt. Mit Inter Mailand 1964 und 1965 Europapokalsieger der Landesmeister und 1964 Weltpokalsieger. Als Trainer der Nationalmannschaften von Frankreich, Spanien und Italien unterstrich der Südamerikaner seine internationale Karriere. Sein Spitzname »Sklaventreiber« hat ihn für Max Merkel zum Vorbild gemacht. Noch 1982, also mit 66 Jahren stand er als Trainer des FC Barcelona im Mittelpunkt des internationalen Fußballs.

Jaschin, Lew

geb. 22. 10. 1929
Nach Meinung vieler Fachleute der beste Torhüter aller Zeiten. Er wurde wegen seiner polypenhaften Arme als »schwarzer Tintenfisch«, wegen seiner Sprungkraft als »schwarzer Panther« und wegen seines Stellungsspiels und seines taktischen Geschicks als »Stratege der vier Dimensionen« (Urbini) bezeichnet. 20 Jahre lang war er ununterbrochen Torhüter in der Mannschaft von Dynamo Moskau. 1963 machte er sein Meisterstück, als er in 27 Punktspielen ganze 6 Treffer zugelassen hat. 78mal in der sowjetischen Nationalmannschaft, damit 1956 Olympische Goldmedaille in Melbourne, 1966 Sieger im Europapokal der Nationen.
4mal im sowjetischen WM-Aufgebot: 1958, 1962, 1966 und 1970. Im Mai 1971 – als 42jähriger – gab er vor 103000 Zuschauern sein Abschiedsspiel. Bis zu diesem Zeitpunkt hatte er mehr als 150 Strafstöße gehalten.

Maier, Sepp

geb. 28. 2. 1944
1959 trat der damals 15jährige dem FC Bayern als Torhüter bei. Seit 1966 hat er zusammen mit Franz Beckenbauer und Gerd Müller mit dem FC Bayern und als Nationaltorhüter alle Erfolge, die im Weltfußball zu gewinnen sind, errungen. Maier hat bereits ca. 80 Einsätze in der Nationalmannschaft, im Februar 1978 feierte er mit 400 Einsätzen ohne Spielpause beim FC Bayern einen einsamen Bundesliga-Rekord. Bei der Fußballweltmeisterschaft 1978 in Argentinien ist Maier zum dritten Mal Stammtorhüter der Nationalmannschaft von Deutschland bei einem Weltturnier. Sein Vorbild ist Lew Jaschin; der heute 34jährige »Sepp« möchte, so wie dieser, auch noch mit 40 Jahren erste Wahl sein. Neben seinem Talent ist sein ungeheurer Trainingsfleiß für seine Erfolge verantwortlich. Seine Hobbys: Zaubern, Filmen und Tennisspielen – außerdem war er der

Spaßmacher im Verein und in der Nationalmannschaft. Ein schwerer Verkehrsunfall, an dessen Folgen er noch heute laboriert, beendete seine Profilaufbahn – nach seinen eigenen Worten »um eine Weltmeisterschaft zu früh«.

Maradonna, Armando Diego

geb. 30. 10. 1961
Der Argentinier wurde bereits mit 20 Jahren als Superstar für die WM in Spanien angekündigt. Dort mußte er aber erleben, daß auch für ganz große Talente die Bäume nicht in den Himmel wachsen. Dennoch wechselte er für die internationale Rekordsumme von 20 Millionen Mark zum FC Barcelona. Wie es nach der WM-Niederlage des Titelverteidigers Argentinien mit dessen Superstar weitergeht, das muß die Zukunft zeigen.

Matthews, Stanley

geb. 1. 2. 1915
Stan Matthews hat am 28. 4. 1965 bei einem Spiel der britischen Auswahl gegen eine Auswahl der besten Spieler der Welt sein Abschiedsspiel gegeben. Zu diesem Zeitpunkt war er also über 50 Jahre alt. Damit hält Sir Stan – er wurde von der Englischen Königin geadelt – den absoluten Altersrekord unter den Profispielern. Mehr als 33 Jahre lang narrte der Rechtsaußen die Fußballverteidiger der ganzen Welt. Der Matthews-Trick wurde von vielen Außenstürmern nachgeahmt, doch von keinem so meisterlich beherrscht wie von ihm. Er war bereits mit 17 Jahren Profispieler und wurde mit 19 Jahren in die englische Nationalmannschaft berufen, für die er 73mal aufs Feld lief. Noch mit 48 Jahren hatte er entscheidenden Anteil am Aufstieg seines Stammvereins Stoke City in die 1. Englische Liga. Der Dribbelkünstler, der immer wieder hart gefoult wurde, war zeit seines Lebens ein Vorbild an Fairness und Sportlichkeit.

Merkel, Max

geb. 7. 12. 1918
Gemessen an den Erfolgen der von ihm trainierten Mannschaften ist Merkel sicher einer der erfolgreichsten Trainer Europas. Gemessen an den unrühmlichen Abschieden, die ihm nach diesen Erfolgen jeweils zuteil wurden, ist er sicher aber auch einer der umstrittensten Trainer dieses Erdteils. Der »Preuße aus Wien« arbeitete stets mit Zuckerbrot und Peitsche. Er hat es immer verstanden, seine Spieler auf die Minute genau heiß und scharf zu machen, dann aber den Bogen der Leistungsforderung häufig so überspannt, daß er von den Spielern »abgeschossen« wurde. Seine Erfolge: Als Spieler mit Rapid Wien Landesmeister

1957; als Trainer mit Borussia Dortmund Deutscher Vizemeister 1961, mit 1860 München Deutscher Pokalsieger 1964, Europacup-Zweiter 1965, Deutscher Meister 1966, mit dem 1. FC Nürnberg Deutscher Meister 1968; mit Atletico Madrid Spanischer Meister und Cupsieger 1973. Nach langer Abstinenz kehrte er 1982 als 64jähriger in die Bundesliga zurück und rettete den Karlsruher SC vor dem sicher scheinenden Abstieg. Neuerdings als österreichischer Nationaltrainer im Gespräch.

Müller, Gerd

geb. 3. 11. 1945
1964 wechselte der »kleine Dicke«, wie er anfangs etwas geringschätzig genannt wurde, für 5000 DM Handgeld und einem monatlichen Grundgehalt von 160 DM vom Landesligisten TSV Nördlingen zum FC Bayern. Dort machte er, nach anfänglicher Mißachtung durch seinen Trainer Tschik Cajkovsky eine außerordentliche Karriere als Torschütze. Für den FC Bayern und für die deutsche Nationalmannschaft wurde er zum »Torschützen vom Dienst« und »Bomber der Nation«. Für den FC Bayern erzielte er 1978 sein 350. Bundesligator zu einer Zeit, als er freiwillig und trotz vieler Umstimmungsversuche längst seinen Abschied aus der Nationalmannschaft genommen hatte. Wie Franz Beckenbauer und Sepp Maier hat er alle sportlichen Erfolge im Weltfußball errungen.

Pelé

Edson Arantes do Nascimento
geb. 21. 10. 1940
Wohl der brillanteste und bestbezahlte Fußballspieler aller Zeiten. Er spielte bereits als 15jähriger für den Weltklasseverein FC Santos und wurde – noch nicht 16 Jahre alt – zum ersten Mal in die brasilianische Nationalmannschaft berufen. Endgültiger Durchbruch zum Weltruhm bei der Weltmeisterschaft 1958 in Schweden, bei der der 18jährige Pelé Freunde und Kritiker begeisterte. Damit eröffnete sich Pelé eine geradezu sagenhafte Karriere als Sports- und Geschäftsmann. Er verdiente Millionen und konnte ein Angebot von 10 Millionen Mark, mit dem man ihn vom FC Santos wegholen wollte, ausschlagen. Dafür hat er aber auch hart wie kaum ein anderer trainiert und bis an die Grenze der Leistungsfähigkeit gespielt. Allein von 1956 bis 1968 erzielte er für den FC Santos und für die brasilianische Nationalmannschaft insgesamt über 1200 (Eintausendzweihundert!) Tore. Nach Beendigung seiner offiziellen Karriere in Brasilien wurde Pelé für 6 Millionen Mark als Paradepferd zum Nordamerikanischen Club Cosmos New York geholt. So »nebenbei«

hat Pelé 4mal an Weltmeisterschaften teilgenommen und dabei mit Brasilien 3mal den Weltmeistertitel errungen (1958, 1962, 1970). Von 1975 bis 1977 leistete er bei Cosmos New York für traumhafte Dollar-Gagen »Geburtshilfe« für den Nordamerikanischen Fußball. Zusammen mit Franz Beckenbauer wurde er am Ende seiner unüberbietbaren Karriere mit Cosmos noch Nordamerikanischer Meister.

Puskas, Ferenc

geb. 2. 4. 1927
Puskas war schon, wie auch eine Reihe anderer Weltklassespieler, mit 17 Jahren Nationalspieler.
82 mal trug er das Trikot der ungarischen Nationalmannschaft. Der »Stocklinke« war gleichermaßen Taktiker, Dribbler und Torjäger. Zusammen mit Hidégkuti war er der Star der ungarischen Wunderelf, die von 1951 bis 1955 von 47 Länderspielen 40 gewonnen hat. Nur ein Spiel hat diese Elf verloren: Das Endspiel um die Fußballweltmeisterschaft 1954 in Bern – gegen Deutschland mit 2 : 3. Nach dem Aufstand im Oktober 1956 in Ungarn trennte sich Puskas von seiner Mannschaft Honved Budapest, die zu diesem Zeitpunkt gerade eine Gastspielreise durch Spanien machte. Seine zweite Karriere startete er bei Real Madrid, wo er zusammen mit Alfredo di Stefano wiederum ein unvergeßliches Spielerpaar bildete. 1960, 1961, 1963 und 1964 wurde er spanischer Torschützenkönig, mit Honved Budapest 4mal Ungarischer Meister, mit Real Madrid 5mal Spanischer Meister. Insgesamt hat er 1176 Tore in der 1. Division erzielt.

Rahn, Helmut

geb. 18. 8. 1929
Von 1951 bis 1960 40-maliger deutscher Nationalspieler auf dem Rechtsaußenposten. Bei der Weltmeisterschaft 1954 in Bern schoß er gegen Ungarn den Siegestreffer zum 3 : 2 für Deutschland.

Schön, Helmut

geb. 15. 9. 1915
Seit 1964 Nachfolger von Sepp Herberger auf dem Posten des DFB-Bundestrainers. Anfangs nicht unumstritten, konnte Schön im Laufe der Jahre alle Kritiker von seinen Qualitäten überzeugen. Unter seiner Leitung wurde Deutschland 1974 durch einen 2 : 1 Sieg über Holland zum zweiten Male Weltmeister. Aber auch der zweite Platz bei der WM 1966 in England (England : Deutschland 4 : 2 nach Verlängerung), der dritte Platz 1970 in Mexiko (Deutschland : Uruguay 1 : 0) ebenso wie die Europameisterschaft 1972 und die Vize-Europameisterschaft 1976 sind stolze Erfolge, die sich Helmut

Schön an seine Fahnen heften kann. Damit ist er bereits jetzt, noch vor der WM 1978 in Argentinien, der erfolgreichste deutsche Nationaltrainer. In seiner aktiven Zeit war der »Lange« – wie er in Fußballkreisen scherzhaft genannt wurde – von 1937 bis 1941 einer der besten deutschen Stürmer; er wurde 16mal in die Nationalmannschaft berufen und erzielte dabei 17 Tore.

Seeler, Uwe

geb. 5. 11. 1936
Vor Gerd Müller war Uwe Seeler Deutschlands Sturmtank Nr. 1. Vom 16. 10. 1954, wo er in Hannover gegen Frankreich als 18jähriger sein internationales Debüt gab, bis zur Weltmeisterschaft 1970, wo er in unvergeßlicher Weise für Gerd Müller die Torschußmöglichkeiten vorbereitete, war Seeler insgesamt 72mal für Deutschland aktiv. Er schoß dabei 43 Tore und wurde zum deutschen Fußballidol, dessen Vorname »Uwe« noch über seine Zeit hinaus zum internationalen deutschen Schlachtruf wurde. Mit der gleichen Konsequenz, mit der er seine sportliche Laufbahn von 1952 bis 1971 beim Hamburger Sportverein trotz schwerster Verletzungen (Achillessehnenriß 1965) gestaltete, baute er sich als Repräsentant einer großen Sportartikelfirma im norddeutschen Raum seine Zukunft auf.

di Stefano, Alfredo

geb. 4. 7. 1926
Der Südamerikaner, der von River Plate (1942–1949) über Millonarios (1950–1952) und FC Barcelona (1953) zu Real Madrid (1954–1964) und schließlich weiter zu Espaniol Barcelona (1964–1966) wechselte, hat 7 Länderspiele für Argentinien und 31 für Spanien gespielt. Er war mit Real Madrid von 1956 bis 1960 5mal in ununterbrochener Reihenfolge Europacup-Sieger der Landesmeister und 1960 Weltpokalsieger. 8mal errang er die spanische Meisterschaft, 1mal den Pokalsieg. In dieser Zeit galt di Stefano als bester und bestbezahlter Fußballspieler der Welt. Er war der große Feldherr, Stratege und Kämpfer von Real Madrid, der Weltklassespieler wie Didi, Raymond Kopa und Simonsson zu Ersatzspielern degradierte. Sein Talent und sein Ehrgeiz waren gleichermaßen stark entwickelt. Seine Kondition war wohl noch berühmter als sein technisches und taktisches Geschick.

Walter, Fritz

geb. 31. 10. 1920
Zwischen 1940 und 1958 war er 61mal als Nationalspieler für Deutschland aufs Spielfeld gelaufen und galt in dieser Zeit als bester Fußballspieler Deutschlands. Spielführer der Weltmeistermann-

schaft von 1954 und vor Uwe Seeler und Gerd Müller Torschützenkönig der deutschen Nationalmannschaft (33 Tore). Im Gegensatz zu diesen Spielern war er zusätzlich ein großartiger Regisseur. Fußballkenner schätzen seine spielerischen Qualitäten noch höher ein als die eines Franz Beckenbauer. Er galt als Sprachrohr von Sepp Herberger auf dem Spielfeld, der Herbergers Ideen umgesetzt und variiert hat. Bei seiner letzten Weltmeisterschaft in Schweden zählte der damals bereits 38jährige Fritz Walter noch zu den überragenden Erscheinungen des Turniers. Der heutige Ehrenspielführer der deutschen Nationalmannschaft hat sich auch als Fachbuchautor einen guten Namen gemacht.
Seine Verbundenheit zu seinem ehemaligen »Chef« Sepp Herberger und zum deutschen Fußballsport hat der DFB dadurch gewürdigt, daß er Fritz Walter zum offiziellen Repräsentanten der neugegründeten »Sepp-Herberger-Stiftung« berufen hat.

Weisweiler, Hennes

geb. 5. 12. 1919
Einer der erfolgreichsten deutschen Fußball-Lehrer überhaupt. Von 1954 bis 1969 war er Nachfolger von Sepp Herberger im Amt eines Dozenten an der Deutschen Sporthochschule. Viele seiner späteren Trainerrivalen gingen durch seine Fußball-Lehrer-Schule.
Als Trainer hatte er eine ganze Reihe späterer Weltklassespieler »gemacht«. Vogts, Bonhof, Wimmer, Netzer, Heynkes und viele andere hat er für Borussia Mönchengladbach entdeckt und großgemacht. Mit Mönchengladbach errang er 1970, 1971 und 1975 die Deutsche Meisterschaft und 1973 den Pokalsieg, 1975 wurde die Mannschaft unter ihm UEFA-Pokalmeister. Seit 1976 trainiert er nach einem Gastspiel beim FC Barcelona den 1. FC Köln, mit dem er bereits 1977 und 1978 den Deutschen Pokal gewonnen hat. Durch den Gewinn der Deutschen Meisterschaft erreichte »Hennes« im Jahre 1978 das begehrte »Double«.
Von 1979 bis 1982 gab Weisweiler als Trainer von Cosmos New York ein vielbeachtetes Gastspiel im Nordamerikanischen Fußball. In dieser Zeit errang er zweimal den Fußballmeistertitel der USA. Er setzt seine Laufbahn in der Saison 1982/83 in der Schweiz fort.
Nicht nur als Trainer, sondern auch als Autor ist Weisweiler sehr erfolgreich. In Theorie und Praxis gibt er dem deutschen Fußball bereits seit mehr als 20 Jahren wertvolle Impulse und treibt die Entwicklung des Spiels vorwärts.

ABC des Fußballs

Ablösesumme »Preis« eines Spielers, der von einem Verein zu einem anderen wechselt. Der Spieler erhält 20% der A. als Jahresgehalt garantiert. Die höchsten: In Deutschland für Paul Breitner A. DM 1,7 Mio. gezahlt vom FC Bayern an Braunschweig; DM 6 Mio. bezahlt vom FC Cosmos New York für Franz Beckenbauer an den FC Bayern. Die Gepflogenheit der A. ist neuerdings als Sklavenhandel im Fußball verrufen.

Bundesliga Die Deutsche Fußball-Bundesliga wurde am 28. Juli 1962 in Dortmund gegründet. Mit 103 gegen 26 Stimmen des DFB-Bundestages wurde beschlossen: »Vom 1. August 1963 an wird eine zentrale Spielklasse auf der Basis des Lizenzspielers unter Leitung des Deutschen Fußballbundes eingeführt.« 1974 wurde die zweigeteilte zweite Bundesliga eingeführt.

Catenaccio Für den italienischen Fußball typischer Abwehrriegel, bei dem bis zu 9 Spieler gleichzeitig ein in drei Wellen gestaffeltes Bollwerk gegen gegnerische Angriffe errichten.

Damenfußball In den 50er Jahren in Mode gekommen, damals vom DFB und der Fußball-Männerwelt als verrückte Emanzipationsbestrebung belächelt. Seit 1974 vom DFB offiziell anerkannt. Inzwischen spielen bereits ca. 2000 Mannschaften: damit spielen in der BRD mehr Frauen Fußball als Volleyball und Handball zusammen.

Effet Ein Rechts-, Links-, Vorwärts- oder Rückwärtsdrall des Balles, der – durch dezentralen Stoß hervorgerufen – eine eigenartig gekrümmte Flugkurve bewirkt. Wunderwaffe bei Freistößen, weil der Ball durch den E. um die Mauer herum gezirkelt werden kann.

Foul Das Gegenteil von Fair.
Ein Regelverstoß, der gemäß Regel 12 mit direktem oder indirektem Freistoß geahndet wird (siehe dazu Regel 12, S. 106). Ein zusammenfassender Begriff für »Gefährliches Spiel«, »Rohes Spiel«, »Tätlichkeit« und »Nichtbeachtung des Regelwerkes« (z. B. 4-Schritte-Regel des Torhüters).

Gleiche Höhe Begriff, der bei der Abseitsregel wesentlich ist. Gerade noch strafbare Position, bei der im Moment des Abspiels die Abseitsregel wirksam wird.

Hattrick: Als echten H. bezeichnet man, wenn ein Spieler innerhalb einer Halbzeit drei Tore in ununterbrochener Reihenfolge erzielt. Wird die Torfolge durch Gegentore oder durch die Halbzeit unterbrochen, spricht man nicht mehr vom *echten* H.

Indirekter Freistoß Strafe, die der Schiedsrichter bei 6 Verstößen verhängt, die in der Regel 12 festgelegt sind. Dabei kann ein Tor nur erzielt werden, wenn der Ball vor Überschreiten der Torlinie noch von einem weiteren Spieler als dem Schützen berührt wird. Wird im Strafraum indirekter Freistoß gegeben, müssen die gegnerischen Spieler bei der Ausführung entweder 9,15 m vom Ball entfernt sein oder auf der Torlinie stehen.

Jugendfußball Im Spielbetrieb der Jugend wird nach folgenden Altersstufen und Spielzeiten unterteilt:
A-Jugend, 16–18 Jahre, 2 × 40 Min.
B-Jugend, 14–16 Jahre, 2 × 35 Min.
C-Jugend, 12–14 Jahre, 2 × 30 Min.
D-Jugend, 10–12 Jahre, 2 × 25 Min.
E-Jugend, 8–10 Jahre, 2 × 20 Min.
F-Jugend, bis 8 Jahre, 2 × 20 Min.
Zur Zeit wird eine Spielzeitverlängerung von 2 × 5 Min. pro Altersgruppe diskutiert.
Die Spiele werden auf Stadt-, Kreis-, Bezirks- und Landesebene ausgetragen.

Seit 1969 gibt es deutsche A-Jugendmeisterschaften.
Seit 1977 gibt es deutsche B-Jugendmeisterschaften.
Seit 1955 trägt die UEFA (Europäischer Fußballverband) regelmäßig ein Turnier für A-Jugendliche aus.

Kombinieren Bestimmte, zum Teil schematisierte Formen der Weiterleitung des Balles innerhalb einer Mannschaft. Dabei soll der Ball durch Raumgewinn in Richtung gegnerisches Tor gebracht werden und eine Torschußmöglichkeit eröffnen. An solchen Kombinationen können 2, 3 und mehr Spieler beteiligt sein. Das Wandspiel und der Doppelpaß sind Sonderformen der Kombination, bei denen der Ball direkt weitergeleitet wird. Sie sind ein taktisches Mittel gegen enge Manndekkung.

Lizenz Der DFB vergibt eine L. an Vereine, Spieler, oder Trainer, die in der Bundesliga mitwirken wollen. Ohne L. ist die Teilnahme bei Bundesligaspielen nicht möglich.

Manager Auch Technischer Leiter oder Direktor genannt, der im Auftrag des Präsidiums die technischen und wirtschaftlichen Transaktionen von Profivereinen leitet.

Nachschlagen Meist die Reaktion auf eine harte Spielweise des Gegners, die üblicherweise als Tätlichkeit ausgelegt und mit Platzverweis bestraft wird.

Offensive Im Gegensatz zur defensiven Spielweise wird dabei das gegnerische Tor elanvoll und meist mit einer Überzahl an Stürmern bedrängt.

Prämie Geldbetrag, der vor dem Spiel zwischen Verein und Spielern für Sieg oder Unentschieden als Leistung des Vereins an die Spieler vereinbart wird. Auch bei oberen Amateurklassen in bescheidenem Umfang üblich.

Querpass Zuspiel des Balles nach rechts oder links, d. h. im rechten Winkel zur Längsachse des Spielfeldes.

Rückrunde Die zweite Hälfte einer Punktspielserie, bei der die Mannschaften in gleicher Folge wie in der Vorrunde aber auf dem jeweils gegnerischen Platz antreten.

Soccer Englische Bezeichnung für das Fußballspiel; mit »football« wird in England und Amerika eine Abart des Rugby bezeichnet.

Tatsachenentscheidung In Sekundenbruchteilen vom Schiedsrichter getroffene Entscheidung über die von ihm wahrgenommenen Vorgänge auf dem Spielfeld. Sie ist auch durch Fernseh- oder Zeitlupenaufnahmen nicht revidierbar. Auf diese Art und Weise schützt sich der Fußballverband vor einer Flut von Untersuchungen, Verhandlungen und Spielentscheidungen am grünen Tisch.

UEFA Abkürzung für den Europäischen Fußballverband, dem derzeit 33 Verbände mit ca. 12 Mio. Mitglieder angeschlossen sind.

Vier-Schritte-Regel Seit Juni 1967 schränkt sie den Aktionsraum des Torhüters auf 4 Schritte ein, wenn er den Ball trägt. Auch Halten des Balles länger als 4 Sekunden wurde damit verboten.

Wartefrist Die Zeit, in der Jugendliche oder Amateure bei einem Vereinswechsel für den neuen Verein nicht spielberechtigt sind. Die Mindestwartefrist bei Freigabe beträgt 3 Monate, die Höchstwartefrist bei Freigabeverweigerung 12 Monate.

Peter Scholl
richtig tennisspielen
Roland Denk
richtig segeln
Selma Brandl
richtig reiten
Kristian Prade
richtig segelsurfen
Franz Wöllzenmüller
richtig radfahren
Sklorz/Michaelis
richtig tischtennisspielen
Josef Giehrl
richtig schwimmen
blv sportpraxis
Jürgen Kemmler
richtig skifahren 1
Vom Anfänger zum Pistenfahrer
Franz Wöllzenmüller
richtig skilanglaufen 2
Für sportliche Läufer bis zum Wettkampf
Gerhard Bauer
richtig fußballspielen
blv sportpraxis
blv sportpraxis